विश्वकाव्य
और
जयशंकर प्रसाद

विश्वकाव्य
और
जयशंकर प्रसाद

प्रेमशंकर

वाणी प्रकाशन

वाणी प्रकाशन

4695, 21-ए, दरियागंज, नयी दिल्ली 110 002

फ़ोन : +91 11 23273167 फ़ैक्स : +91 11 23275710

शाखाएँ

अशोक राजपथ, पटना 800 004, बिहार

कॉफ़ी हाउस कैम्पस, महात्मा गांधी मार्ग, इलाहाबाद 211 001, उत्तर प्रदेश

महात्मा गांधी अन्तरराष्ट्रीय हिन्दी विश्वविद्यालय, वर्धा 442 001, महाराष्ट्र

www.vaniprakashan.in
marketing@vaniprakashan.in
sales@vaniprakashan.in

VISHWAKAVYA AUR JAISHANKAR PRASAD
by Premshankar

ISBN : 978-93-88434-60-7
Criticism

प्रथम संस्करण

मूल्य : ₹ 200

एम.एस. प्रिंटर्स, दिल्ली-110 093 में मुद्रित

वाणी प्रकाशन का लोगो मक़बूल फ़िदा हुसेन की कूची से

प्रकाशकीय

'प्रसाद का काव्य' का यह अंश स्वतन्त्र पुस्तिका के रूप में प्रस्तुत है। आशा है नये विन्यास में यह अधिक उपादेय होगी।

अनुक्रम

भारतीय काव्य और प्रसाद

भारतीय काव्य परम्परा का आरम्भ वैदिक युग से माना जाता है। वेदों में बिखरी हुई विभूति संस्कृत काव्य का प्रारम्भिक रूप है। उषा, ऋतु आदि का प्रकृति-वर्णन, सामवेद की संगीतमयता, अनेक कथाएँ; सभी काव्य के उपादान बनकर आये हैं। वैदिक काव्य का सांस्कृतिक-धार्मिक दृष्टिकोण उसे आगे आनेवाली काव्य-परम्परा से पृथक् स्थान देता है। उपनिषद् आदि में भी अध्यात्म-दर्शन का अधिक समावेश है। काव्य के स्वतन्त्र स्वरूप का विकास लौकिक संस्कृत के अन्तर्गत हुआ और जीवन के अधिक व्यापक धरातल और व्यावहारिक पक्ष को लेकर इसका निर्माण किया गया। वैदिक साहित्य की संकलनात्मक पद्धति के स्थान पर कवि स्वतन्त्र मौलिक निर्माण में तत्पर होता है। संस्कृत को पाणिनी ने नियमों में बाँधकर विशुद्ध रूप दिया और काव्य-सृजन में उसके अत्यन्त परिष्कृत रूप का उपयोग हुआ। भाव, रस, अलंकार सभी पर संस्कृत के कवि ने विशेष ध्यान दिया। वह जीवन को अधिक निकट से देखने का प्रयास भी करता है और मानव की विभिन्न मनोदशाओं को लेकर चलता है। प्रकृति, ऋषि, यज्ञ आदि का निरूपण करनेवाले वैदिक साहित्य से संस्कृत के कवि ने पर्याप्त सामग्री ग्रहण की। वेदों के चित्रण, सामवेद के संगीत और पुराणों की कथावस्तु ने उसके काव्य को प्रेरणा प्रदान की। स्वयं भरत मुनि के नाट्यशास्त्र में नाटक को वेदों के समन्वित रूप में स्वीकार किया गया।

रामायण

वाल्मीकि को भारतीय काव्य का आदिकवि स्वीकार किया जाता है और अधिकांश विद्वान इससे सहमत हैं कि 'रामायण' सर्वप्रथम भारतीय महाकाव्य है, जिसमें जीवन के विभिन्न पक्षों का समावेश हुआ। इस 'चतुर्विंशति साहस्री' में वाल्मीकि ने राम के आदर्श चरित्र का निरूपण किया। रामकथा के अन्तर्गत जीवन के अनेक क्रिया-व्यापारों को लिया गया। राजा-प्रजा, पिता-पुत्र आदि सम्बन्ध उसमें आ जाते

हैं। गार्हस्थ्य-जीवन के साथ इहलोक-परलोक की समस्या को भी महाकाव्य में स्थान मिला। देव-दानव संघर्ष के रूप में जीवन में निरन्तर चलनेवाला आन्तरिक संघर्ष चित्रित हुआ है। वाल्मीकि मानव और प्रकृति के सजग कलाकार रूप में भारतीय काव्य में आते हैं। विद्वानों की टिप्पणी है कि एक ओर यदि रामायण ने राम के व्यक्तित्व की स्थापना की तो साथ ही उसका काव्य-सौन्दर्य आगे आने वाली काव्य परम्परा का पथप्रदर्शक बना।[1] राम के 'नर चरित्र' को लेकर रामायण ने जीवन के विविध पक्षों की विवेचना काव्यात्मक सौन्दर्य के साथ की। एक आदर्श प्रस्तुत करना आदिकवि का लक्ष्य प्रतीत होता है। सम्पूर्ण संघर्ष के पश्चात् जीवन में सुख-शान्ति के लिए राम का विराग एक सार्थक संकेत छोड़ जाता है। राम पुरुषोत्तम हैं तो सीता आदर्श नारी, हनुमान सच्चा भक्त, भरत प्रिय सहोदर! भावना के क्षेत्र में रामायण का आदर्श रूप महाकाव्यों की प्रेरणा बना। रामायण का आरम्भ करुणा से होता है। क्रौंचवध से अनायास ही द्रवित हो उठने वाली आदिकवि की आत्मा करुण रस की धारा है। राम-वनगमन के समय करुणा घनीभूत हो गयी है। दशरथ कौशल्या से कहते हैं: मैं राम के बिना जिस शोक-समुद्र में डूबा हूँ, उसे जीते जी सहना मेरे लिए अत्यन्त कठिन है। (अयोध्याकाण्ड, 59/22) रामायण की परिसमाप्ति पुरुषोत्तम राम के त्याग से होती है और उसका सन्देश आध्यात्मिकता से परिपूरित है, जिसमें मोक्ष की कामना भी सन्निहित है। शैली की दृष्टि से वह एक उत्कृष्ट महाकाव्य है और विश्वकाव्य में उसका उच्च स्थान है। प्रकृति वर्णन में महाकवि को अद्वितीय सफलता प्राप्त हुई। एक चित्र-सा प्रस्तुत होता है, जिसमें सूक्ष्मतम अंकन मिल जाता है तथा प्रत्येक व्यापार सजीव हो उठता है। कवि का प्रकृति से रागात्मक सम्बन्ध है। वाल्मीकि प्रकृति के कलाकार हैं और रामायण की सम्पूर्ण कथा प्रकृति के विशाल चित्रपट पर रंजित है। पंचवटी में लक्ष्मण हेमन्त की शोभा का वर्णन करते हैं: 'समस्त वनस्थली की हरीतिमा तुषारपात से आर्द्र हो गयी और धूप के पड़ने से शोभित हो रही है। अत्यधिक पिपासित गजेन्द्र शीतल जल के स्पर्श मात्र से अपनी सूँड हटा लेता है ...(अरण्य. 16/20-21)। वाल्मीकि प्रकृति की विशाल गोद में पले हुए कवि हैं और उन्होंने उसे अत्यन्त निकट से देखा है। अनुष्टुपों के द्वारा उन्होंने सुन्दर उपमाओं और अलंकारों की योजना की। उसकी पंक्ति-पंक्ति की सजीवता, सरस अभिव्यंजना ने आगे आने वाली काव्य-परम्परा को प्रभावित किया।

प्रसाद ने प्राचीन-नवीन का एक समन्वित रूप दिखाई देता है। भाषा के क्षेत्र में यदि शिष्ट परिष्कृत भाषा का प्रयोग उन्होंने किया, तो भावना की दृष्टि से

वे युग की नवीन वस्तुओं को लेकर चलते हैं। वाल्मीकि रामायण का देव-दानव संघर्ष 'कामायनी' में अन्तर्मुखी होकर आया। मनु के अन्तःप्रदेश में द्वन्द्व चलता रहता है। हृदय-बुद्धि, मन-मस्तिष्क एक-दूसरे के विरुद्ध चले जाते हैं। 'रामायण' दानवत्व पर देवत्व की विजय स्थापित करती है, किन्तु 'कामायनी' समरसता के द्वारा विरोधी शक्तियों में समन्वय स्थापित करती है। युग से अनुप्राणित प्रसाद जीवन के अधिक व्यावहारिक पक्ष को लेकर चलते हैं। वाल्मीकि की मानवीय अनुभूति प्रसाद के काव्य में एक अन्तःसलिला की भाँति बहती रहती है। आरम्भिक वेदना एक विराट करुणा दर्शन में परिवर्तित होती है। प्रसाद ने उसे एक जीवन दर्शन के रूप में स्वीकार किया, जो अधिक व्यापक बनकर मानवता के कल्याण में नियोजित होती है। 'आँसू' के अन्त में इस करुणा दर्शन का प्रतिपादन हुआ है और 'कामायनी' में करुणामयी श्रद्धा उसके सहारे आनन्दवाद को प्रतिष्ठित करती है। वाल्मीकि के सूक्ष्म प्रकृति-वर्णन को कवि प्रसाद अधिक विस्तृत रूप में न अंकित कर सके। उनकी प्रकृति मानव की सहचरी बनकर आयी है। इसके अतिरिक्त कला पक्ष के सुन्दर प्रतीक, विश्व रूपक और चित्र कवि ने उसके द्वारा प्रस्तुत किये। चरित्रों का आदर्श रूप वाल्मीकि की विशेषता है, किन्तु आधुनिक युग का कवि संघर्षशील परिस्थितियों में पल रहा है, इस कारण वह यथार्थ धरातल का त्याग नहीं कर सकता। वाल्मीकि और प्रसाद जीवन के महान लक्ष्य पर पहुँचते हैं, किन्तु दोनों अपने युग की चेतना को लेकर चलते हैं। कवि प्रसाद के पीछे वाल्मीकि की बिखरी हुई भव्य काव्य परम्परा थी और उन्होंने उससे प्रेरणा प्राप्त की। वाल्मीकि का विस्तृत क्षेत्र प्रसाद अपने काव्य में सन्निहित न कर सके, किन्तु उनका 'आनन्दवाद' एक उच्च भावभूमि पर प्रतिष्ठित है।

महाभारत

रामायण के साहित्यिक महाकाव्य के अनन्तर व्यास का संकलानात्मक महाकाव्य 'महाभारत' आया। उसमें एक बिखरी हुई कथा को कवि ने सन्निहित किया। युग की परिवर्तित परिस्थितियाँ उसमें प्रतिबिम्बित होती हैं और देश-काल का एक नवीन चित्र यहाँ प्रस्तुत हुआ। कौरव और पांडव एक ही परिवार के होकर भी परस्पर युद्ध करते हैं। महाभारत का क्षेत्र विशाल है और उससे भगवद्गीता, अनुगीता, विष्णुसहस्त्रनाम, भीष्मस्तवराज, गजेन्द्रमोक्ष आदि ग्रन्थों की शाखाएँ हैं। वह देश-जाति को लेकर चलता है तथा इतिहास पक्ष में प्रौढ़ है। लगभग एक लाख श्लोकों में इस 'शतसाहस्री संहिता' ने अठारह पर्वों में अनेक समस्याओं को लिया। उसका आकार विशाल है और अनेक कवियों ने इससे कथा की

प्रेरणा ली। वीररस प्रधान इस काव्य का अन्त आदर्शात्मक प्रणाली से होता है। महाकाव्य की परिसमाप्ति स्वर्गारोहण से की जाती है, जबकि एक भीषण रक्तपात के पश्चात् स्वयं विजयी पांडव हिमालय की उपत्यका में खो जाते हैं। यह अन्त रामायण की भाँति शान्ति की स्थापना करता है। मानव धर्म की प्रतिष्ठा करने वाला 'महाभारत' अधिक व्यावहारिक जगत को लेकर चलता हुआ दिखाई देता है। भारतीय सभ्यता-समाज का चित्र उसमें प्रस्तुत हुआ और शताब्दियों की बिखरी हुई परम्परा को व्यास ने लिपिबद्ध किया। रामायण की भाँति उसमें आदर्श को लेकर पात्रों का चरित्र-चित्रण नहीं किया जा सका, किन्तु दोनों का लक्ष्य महान है। आख्यानक काव्य के रूप में महाभारत अधिक विस्तृत है, किन्तु रामायण में गहनता है। महाभारत की इतिवृत्तात्मकता शैली ने आगे आनेवाले कवियों को अनेक स्वतन्त्र प्रबन्धकाव्य लिखने के लिए प्रेरित किया और उन्होंने उससे कथावस्तु ग्रहण की। भारतीय सभ्यता-समाज का निरूपण उसमें यूनान के इलियड आदि महाकाव्यों के समान हुआ। राधाकृष्ण के शब्दों में आर्य जाति का जातीय महाकाव्य ही महाभारत है और उससे एक परम्परा का परिचय प्राप्त होता है।[2] 'कामायनी' संकलानात्मक महाकाव्य की परम्परा से अधिक अनुप्राणित नहीं है। यद्यपि प्रसाद ने अपनी आरम्भिक कविताओं की कथावस्तु अवश्य महाभारत से ग्रहण की। बभ्रुवाहन, कुरुक्षेत्र, श्रीकृष्ण जयन्ती आदि कविताओं के आख्यान महाभारत से ग्रहण किये गये हैं। इतिवृत्तात्मक तथा वर्णनात्मक प्रणाली को अधिक ग्रहण न करने के कारण प्रसाद महाकवि व्यास के निकट नहीं आते।

कालिदास

रामायण, महाभारत के अनन्तर भारतीय काव्यधारा पुनः धर्म की ओर चल देती है। किन्तु वैदिक साहित्य का प्रभाव धीरे-धीरे मन्द पड़ने लगा और लौकिक संस्कृत की अधिक उन्नति हुई। पुराण काल में कथा साहित्य का निर्माण हुआ और काव्य विकास की गति मन्थर पड़ गयी। लौकिक संस्कृति को प्रधानता प्राप्त होते ही काव्यशास्त्र का निर्माण होने लगा। काव्य की परिभाषा, विवेचना और व्याख्या हुई। ईसवी सन् के आरम्भ होने से पूर्व ही भारतीय काव्यधारा अनवरत गति से पुनः बह निकलती है। कालिदास के रूप में संस्कृत काव्य को एक अद्वितीय, अनुपम कवि प्राप्त हुआ। जीवन काल के विषय में विद्वानों में परस्पर मतभेद होते हुए भी उनके काव्य की महत्ता को सभी स्वीकार करते हैं। कालिदास के काव्य में भारतीय इतिहास के वैभवशाली युग की छाया है। उसमें देश का ऐश्वर्य प्रतिभासित होता है। वाल्मीकि की भाँति वे ऋषि कवि नहीं हैं,

किन्तु उनमें मानवीय भावनाओं का अधिकाधिक समावेश है। यदि महाभारत में एक महान देश की विराट सभ्यता संस्कृति की अभिव्यक्ति हुई तो कालिदास में उसका सम्पूर्ण वैभव प्रतिफलित हुआ। भावना के क्षेत्र में कालिदास मानव-अन्तरतम के अधिक निकट जाने में सफल हुए और उन्होंने सूक्ष्मतम अंकन किया। मानव मन में उठने वाली भावनाओं का उन्होंने निरूपण किया। वास्तव में अपनी इस सार्वभौमिकता के कारण कालिदास का काव्य विश्व के कोने-कोने में प्रसारित हुआ। शृंगार की हर कविता मर्म को छूने की शक्ति रखती है। कालिदास के पात्र प्रेम-सौन्दर्य की भावनाओं से ओतप्रोत हैं। 'कुमारसम्भव' के शिव-पार्वती को एक प्रेमपाश में बाँध दिया गया। कवि प्रेम को तपस्या से उदात्त बना देता है और अन्त में समस्त चित्र एक उच्च भाव-भूमि पर अंकित होता है। कालिदास के काव्य की मूल भावना सौन्दर्य शृंगार है जिसके द्वारा वे जीवन की विविध मनोदशाओं को लेकर चलते हैं। वे सौन्दर्यवादी कलाकार हैं और सरस अभिव्यंजना में निस्सन्देह अद्वितीय।

'मेघदूत' में प्रेम की करुणा, वियोग आकर सन्निहित हुए हैं। प्रेमी की वाणी में इतना सत्य, ताप और शोक है कि प्रकृति भी द्रवित हो उठती है। यक्ष का मेघ से वार्त्तालाप वियोग की चरम सीमा है जिसमें वह सब कुछ भूल जाता है। 'मेघदूत' का कवि विप्रलम्भ भावना के अन्तर्गत जड़ चेतन का संगम कराता है। करुण भावना का यह व्यापकत्व उसे शाश्वत मूल्यों से निहित कर देता है और एक द्रवीभूत भावना से काव्य का वातावरण भर जाता है। प्रेम के समस्त ताप का ग्रहण करते हुए भी कवि ने उसका उदात्तीकरण किया। पार्वती अपने रूप-दर्प का परित्याग कर अन्त में कैलास के शिखर पर शिव से मिलती हैं। शकुन्तला दुष्यन्त का मिलन एक अलौकिक आनन्द से समन्वित है। कालिदास की शृंगारिक भावनाएँ सरस कल्पना, सूक्ष्म चित्रण उनके काव्य की विभूति है। मानवीय भावनाओं में यद्यपि शृंगार सौन्दर्य की भावना उनके काव्य में प्रमुख है, किन्तु अन्य स्थितियों को भी उन्होने अंकित किया। शकुन्तला को विदा देते समय महर्षि कण्व का हृदय द्रवीभूत हो उठता है और वे सोचते हैं : 'आज शकुन्तला की विदा की याद करते ही मेरा मन बैठा जा रहा है। अश्रुधार रोकने से कंठ अवरुद्ध हो गया, मुख से स्वर भी नहीं निकल पाता, चिन्ता के कारण नेत्र भी धूमिल पड़ गये। आज स्नेहवश मुझ बनवासी को इतनी पीड़ा हो रही है, तब उन गृहस्थों को कितनी व्यथा होती होगी जो प्रथम बार अपनी कन्या को विदा करते होंगे।'

मानव-जीवन की अनेक परिस्थितियाँ उनके काव्य में प्रतिबिम्बित हुईं।

वे मानव भावों का विश्लेषण करते हैं। कालिदास का प्रकृति-चित्रण वाल्मीकि की भाँति सूक्ष्म वस्तु-वर्णन न होकर, मानव की मनोदशा के अधिक समीप है। शकुन्तला प्रकृति की सुषमा लेकर नाटक में आयी। वन का कण-कण उसका आत्मीय बन जाता है। विदा के समय हरिणी की आँखें भर आती हैं और बन-बेलियाँ सिहर उठती हैं। 'कुमार-सम्भव' का हिमगिरि महाकाव्य के लिए एक प्रश्मत्त पृष्ठभूमि का कार्य करता है। वह हिमालय की उपत्यका में आरम्भ होकर उसी के उच्च-शिखरों पर समाप्त होता है। कालिदास के प्रकृति मानव एक-दूसरे के अधिक निकट हैं और अनेक स्थलों पर कवि ने उनमें आत्मीयता भर दी। जड़ प्रकृति चेतन हो उठती है। तपोवनवासिनी शकुन्तला अपूर्व सौन्दर्यवती है और उसमें वन-वैभव साकार हो उठा है। 'रघुवंश' में समुद्र, तपोवन आदि का वर्णन हुआ, किन्तु 'ऋतुसंहार' में आकर प्रकृति अपने उन्मुक्त रूप में प्रस्तुत होती है। कालिदास की प्रकृति अपने साथ सौन्दर्य के व्यापक प्रभाव को लेकर चलती है। कालिदास ने 'नवयौवना' प्रकृति से अनेक सुन्दर उपमा और अलंकार ग्रहण किये तथा काव्य सौन्दर्य भें उसका सहयोग प्राप्त किया। 'ऋतुसंहार' के अन्त में वसन्त का वर्णन है..."वसन्त के आगमन से ही वापी का जल, मणिमेखला, चन्द्रमा, कामिनियाँ आम्रमंजरी से सुशोभित वृक्ष की शाखाएँ सभी अत्यन्त सुन्दर प्रतीत होने लगे हैं।"

कालिदास अपनी उपमाओं के लिए प्रसिद्ध हैं। प्रकृति के अनेक स्वरूपों और उपादानों का प्रयोग उन्होंने उपमाओं के रूप में किया। रूप, अंकन, वस्तु-वर्णन को सुन्दर उपमा के द्वारा सजीव कर दिया गया है। कालिदास की काव्य-कला का पूर्ण विकास इसी अवसर पर दिखाई देता है, जबकि वे प्रकृति के विस्तृत अंचल से उपमाएँ ग्रहण करते हैं। यह क्षेत्र इतना व्यापक है कि विभिन्न चित्र, परिस्थिति और मनोदशा का अंकन उन्होंने समान सफलता से किया। सौन्दर्य और शृंगारिक भावों का निरूपण करने के लिए कवि में सरस कल्पना है। यक्ष मेघ से अपनी प्रियतमा का रूप वर्णन करते हुए कहता हैः 'कृशगात, छोटे-छोटे दाँत, पके बिम्बाफल से अरुण अधर, क्षीण कटि, भयभीत हरिणी के-से नेत्र, गहन नाभि, नितम्ब भार से मन्थर गति, स्तन के बोझ से आगे की ओर झुकी हुई युवती ही मेरी पत्नी है। उसके सौन्दर्य से यही प्रतीत होगा कि ब्रह्मा की सर्वोत्कृष्ट कलाकृति यही है (उत्तरमेघ, 22)।

प्रकृति के अतिरिक्त प्राचीन आख्यानों से भी कालिदास ने उपमाओं को ग्रहण किया। उपमाएँ कालिदास का काव्यवैभव है और उस विषय में रचनाकार उनकी समानता नहीं कर सकते। शैली के अन्य अवयवों में कवि का शब्द-चयन

प्रौढ़ है। भाषा को उन्होंने अत्यन्त शिष्ट और परिष्कृत किया। कालिदास की काव्य-भाषा वैभवकालीन भारत के सभ्य-सुशिक्षित वर्ग का माध्यम थी। सौन्दर्य, रति आदि की अभिव्यक्ति करता हुआ भी कवि कहीं-कहीं केवल संकेत मात्र से काम लेता है। नारी के कंठ में पड़ी मौक्तिक माल के कम्पन्न से हृदय के स्पन्दन का आभास मिल जाता है। वन-लताओं से शकुन्तला अपने अन्तर्मन का रहस्य खोल देती है। एक महान कलाकार की भाँति कालिदास कहीं तूलिका से किसी विस्तृत पट पर कार्य करते हैं तो कहीं एक-दो साधारण रेखाओं से ही चित्र बना देते हैं। एक भारी चित्रफलक पर वे सफलता के साथ चित्रांकन करते हैं। कालिदास वैभव युग के कलाकार थे और उनके साहित्य में सौन्दर्य-आनन्द का आग्रह अधिक है। उनका काव्य तत्कालीन भारत का प्रतिबिम्ब-सा प्रतीत होता है, जिसमें उस युग का आभास मिल जाता है। छोटी-छोटी सूक्तियों के द्वारा उन्होंने अनेक सुन्दर सन्देश दिये जो आदर्श वाक्य की भाँति हैं। पात्रों में शकुन्तला का प्रेम, दिलीप का त्याग, कण्व का ऋषित्व, पुरूरवा का पराक्रम आदर्श रूप में अंकित हैं। उनके काव्य का मूल सन्देश जीवन की सरस सौन्दर्यमयी व्याख्या है। कृतियाँ अन्त में एक नैसर्गिक मिलन का प्रतिपादन करती हैं। शकुन्तला-दुष्यन्त, पार्वती-शिव का समन्वय आनन्द को प्रतिष्ठित करता है। जीवन के चिरन्तन मूल्यों को लेकर चलनेवाले कालिदास मानव-मन की स्वाभाविक वृत्तियों का ग्रहण करते हैं और अनुभूति के सत्य को मार्मिक अभिव्यक्ति से व्यक्ति तक पहुँचाते हैं। अभिव्यंजना में वे एक परिष्कृत कलाकार हैं; इसी कारण आगे आने वाले कवियों के लिए प्रेरणा की वस्तु बने रहे।

कालिदास और प्रसाद

प्रसाद की आरम्भिक रचनाओं की कथावस्तु कालिदास से प्राप्त की गयी। 'चित्राधार' के ब्रजभाषा प्रयोगों में 'अयोध्या का उद्धार', 'बन मिलन' आदि रचनाएँ 'रघुवंश' तथा 'शाकुन्तल' से अनुप्राणित हैं। 'कानन-कुसुम' में भी 'भरत' की प्रेरणा 'शाकुन्तल' है। कालिदास का काव्य-वैभव, व्यापक दृष्टिकोण सरस अभिव्यंजना किसी भी कलाकार को प्रभावित करने की क्षमता रखती है। आरम्भिक प्रयासों में प्रसाद ने भी उनसे प्रेरणा ग्रहण की। दोनों ही सौन्दर्यजीवी, आनन्दवादी कलाकार शिव की समष्टि में विश्वास रखते हैं। अपनी कृतियों के आरम्भ में कालिदास शिव की वन्दना करते हैं। प्रसाद ने शैवागम के दार्शनिक चिन्तन का ग्रहण अधिक किया। शिव के प्रति आस्था इन कवियों को एक-दूसरे के समीप ले आती है। किन्तु प्रसाद की शिव-भक्ति क्रमशः व्यापक दार्शनिकता

को अपनाती है और अन्त में समग्र विश्व ही शिवरूप होकर आनन्दमय बन जाता है। भावना के क्षेत्र में दोनों कवि सौन्दर्यवादी हैं। उनकी वृत्तियाँ 'सुन्दर' में रमती हैं और उनके चित्रण में वे अपनी समस्त कुशलता लगाते हैं। उर्वशी के सौन्दर्य को अपरिमेय मानकर पुरुरवा कहता है–"उसका शरीर आभूषणों का भी आभूषण है, शृंगार के प्रसाधनों का भी विशेष प्रसाधन है और उपमानों की भी उससे उपमा प्रस्तुत की जा सकती है' (विक्रमोर्वशी, द्वितीय अंक, 3)।

'कामायनी' की श्रद्धा का सौन्दर्य प्रसाद ने अधिक आदर्श वर्णों से अंकित किया। नारी समस्त सुन्दरता और छवि के साथ उसमें गरिमा और गुण भी हैं। कालिदास के वैभव युग की नारी की अपेक्षा प्रसाद की नारी अधिक संघर्षमयी है। इसी कारण उसके सौन्दर्यांकन में किंचित् अन्तर आ जाता है। 'प्रसाद' का बाह्य निरूपण पर उतना आग्रह नहीं, जितना कि आन्तरिक प्रकाशन पर। कालिदास के नायक-नायिका के कटाक्षों और प्रेम-व्यापारों में शृंगार रति की भावना बिम्बित है, किन्तु प्रसाद का सौन्दर्य गुणों को अधिक प्रकाश में ले आता है। 'आँसू' में रूप पर रीझने वाला प्रणयी हृदय के व्यापार को महत्त्व देता है। सौन्दर्यांकन तथा प्रणय की किंचित् विभिन्न प्रणालियों का प्रयोग करते हुए भी दोनों कलाकार अन्त में सौन्दर्य का उदात्तीकरण करते हैं। उसकी ऐन्द्रियता कम हो जाती है और वह मांगलिक बनता है। सौन्दर्य के प्रति अनासक्त प्रीति को लेकर चलने वाले इन सरस कवियों ने इसके द्वारा आनन्द की प्रतिष्ठा की। सौन्दर्य के चित्रण में प्रसाद की शैली अधिक सांकेतिक है। कालिदास युग के अनुरूप श्रृंगार का विशद विश्लेषण करते हैं, किन्तु आधुनिक कवि छाया-संकेतों से काम लेते हैं।

वर्णन की विदग्धता में कालिदास बहुत आगे हैं। असंख्य क्रिया-व्यापार और अनेक सघन चित्र उनके काव्य में मिलते हैं। हिमालय के वर्णन में कवि छन्दों की रचना करता चला जाता है। उसकी एक-एक छवि का वह अंकन करता है। उसकी बुद्धि सूक्ष्म अंकन में तत्पर होती है। वर्णन की अद्भुत क्षमता कालिदास में है और अलंकारों से उनमें वह सरसता और चमत्कार उत्पन्न कर देते है। वे केवल वर्णन ही नहीं करते, अपितु उसी के साथ अनेक संकेत करते चलते हैं। प्रसाद के चित्र विस्तृत न होकर गहन होते हैं। वे भावना को किसी चित्र में घनीभूत करना चाहते हैं। श्रद्धा को 'मधु के आधार' पर स्थापित कर उन्होंने उसमें नैसर्गिक सौन्दर्य भरा, नखशिख वर्णन की आवश्यकता नहीं हुई। कालिदास की भाँति प्रसाद भी प्रकृति से प्रतीक रूपक और उपमा ग्रहण करते हैं। गहनता का अधिक आग्रह रखने वाले कवि प्रसाद प्रकृति का वर्णन वाल्मीकि, कालिदास अथवा वर्डस्वर्थ की भाँति नहीं करते; वे प्रकृति को मानव के लिए नियोजित कर भावना का शृंगार

करते हैं। कालिदास की उपमाएँ विस्तार का अधिक आग्रह करती हैं तो प्रसाद की सघनता का। वस्तु अंकन अथवा सौन्दर्य निरूपण के द्वारा वे मानसिक वृत्तियों का भी प्रकाशन करना चाहते हैं। कालिदास एक शिल्पी की भाँति उपमाओं का प्रासाद खड़ा करते चलते हैं। प्रसाद की शैली संकेतात्मक तथा ध्वन्यात्मक है। 'रघुवंश' की विशद योजना किसी भी महाकाव्य को पराजित करने की सामर्थ्य रखती है। कवि की दृष्टि सूक्ष्म-से-सूक्ष्म वस्तु पर ठहरती है। भारत के प्रमुख राजवंश की दीर्घ परम्परा को कवि ने एक सूत्र में बाँधा है। प्रसाद की दृष्टि लक्ष्य पर रहती है और वे उन्हीं वस्तुओं का अंकन अधिक करते हैं, जो उनकी उद्देश्यपूर्ति में सहायक हों।

भावना के क्षेत्र में दोनों कवि अन्तरतम को छूते हैं। उनकी व्यक्तिगत अनुभूति की प्रेरणा को 'मेघदूत' और 'आँसू' में देखा जा सकता है। इन काव्यों में कवि उपस्थित है। मेघदूत से आत्मीयता स्थापित करने के साथ ही वेदना के धरातल पर जड़-चेतन का संगम हो जाता है। अपने वियोग में यक्ष अनुनय-विनय करता है। कवि आन्तरिक प्रकाशन के साथ अपनी वर्णन विदग्ता का भी परिचय देता है। एक-एक नगर का वर्णन वह करता है यद्यपि मेघ को मार्ग बता देने के मूल में उसकी प्रेम-भावना ही कार्य करती है। एक ओर यदि यह वस्तु वर्णन प्रेम के ताप में एक क्षणिक व्यवधान बनता है, तो साथ ही वह कवि की वर्णन शक्ति का भी आभास देता है। कालिदास सर्वत्र एक सजग कलाकार की भाँति प्रतीत होते हैं। 'मेघदूत' से वियोग-पीड़ा का एक वातावरण प्रस्तुत होता है। 'आँसू' की प्रणयाभिव्यंजना अधिक प्रत्यक्ष है। बिना किसी कथा अथवा शाप का सहारा लिए हुए कवि अपनी आन्तरिक अनुभूतियों को सम्मुख रख देता है। उसकी अभिव्यंजना में एक स्वच्छन्दतावादी कवि का-सा भाव-प्रकाशन है। फारसी कवियों की ऊहात्मक प्रणाली का भी आभास उसमें मिलता है। 'आँसू' के अन्त में प्रतिपादित करुणादर्शन प्रसाद के जीवन-दर्शन का एक विशिष्ट अंग है। इस दृष्टि से कवि मानवता को अपनी वेदना से ऊपर उठने का संकेत करता है। 'मेघदूत' यदि विरही यक्ष का करुण-निवेदन है तो 'आँसू' एक प्रेमी के व्यक्तित्व का क्रमिक प्रसार। प्रसाद के काव्य में निरन्तर बहती हुई करुणा धारा बौद्ध दर्शन की भाँति सार्वभौमिकता की ओर जाती दिखाई देती है। 'मेघदूत' और 'आँसू' अपने युग के सर्वोत्कृष्ट विरह काव्य हैं और उनमें एक भावसाम्य भी है।

प्रसाद का प्रकृति-वर्णन कालिदास की भाँति व्यापक नहीं है। हिमालय अथवा तपोवन के विस्तृत वर्णन उनके काव्य में नहीं प्राप्त होते। प्रकृति और मानव का जो तादात्म्य कालिदास में मिलता है, उसी का एक लघु संस्करण प्रसाद के

काव्य में व्यंजित हुआ। कालिदास की प्रकृति सजीव और चेतन होकर मानव के विभिन्न क्रिया-व्यापारों का साथ देती है। प्रसाद की प्रकृति एक पृष्ठभूमि का कार्य करती है और कला पक्ष का श्रृंगार भी उन्होंने उसकी सहायता से किया। प्रसाद के चित्रांकन में प्रकृति के उपादान वर्णों का कार्य करते हैं और उनसे एक संश्लिष्ट चित्र प्रस्तुत हो जाता है। वाल्मीकि का-सा स्वतन्त्र वर्णन दोनों कलाकारों में नहीं प्राप्त होता। प्रकृति वर्णन के अतिरिक्त भाषा के क्षेत्र में भी 'प्रसाद' का शब्दचयन कविगुरु के अधिक निकट है। वे चित्रमय, शिष्ट भाषा का प्रयोग करते हैं, जो भावों का भार वहन करती है। इस दृष्टि से दोनों ही अभिजात कलाकार हैं, जिनकी भाषा अपनी होती है और सामान्य जनभाषा से उसका स्वरूप भिन्न रहता है। अनेक शब्द उसके अपने होते हैं और उनकी व्यंजना तथा अर्थ में विशेषता होती है। शब्द के लिए परम्परावादी कवि प्रायः अपनी प्राचीन स्थिति की ओर जाते हैं। प्रसाद के शब्दचयन में संस्कृत का पर्याप्त योग है। कालिदास की उपमाओं की संश्लिष्ट योजना के समान ही प्रसाद का चित्रांकन है। एक विशाल चित्रपट पर अंकित शकुन्तला के रूप-गुण को श्रद्धा के 'मातृरूप' में सन्निहित कर दिया गया है। आलंकारिक शैली में कालिदास विश्व के अनेक कलाकारों से आगे हैं। प्रसाद का पक्ष मानवीय है और वे मानव भावनाओं का निरूपण करते हैं तथा परिस्थित योजना उसी प्रयास में सहायता करती है। कालिदास के सन्देश में एक सौन्दर्यवादी आनन्दजीवी का दृष्टिकोण है। भोग-विलास का अन्त में उदात्तीकरण हो जाता है। 'रघुवंश' के अन्तिम सर्ग में विलासी राजा की भर्त्सना की गयी। सौन्दर्य, काम और यौवन की उदात्त परिभाषा कालिदास के काव्य में मिल जाती है। आधुनिक युग में प्रसाद में इसी परम्परा का पुनर्जागरण हुआ। सौन्दर्य की परिभाषा करते हुए कामायनी में कवि ने कहा है :

उज्ज्वल वरदान चेतना का
सौन्दर्य जिसे सब कहते हैं
जिसमें अनन्त अभिलाषा के
सपने सब जगते रहते हैं।

सौन्दर्य तथा श्रृंगार की भावनाओं में कहीं-कहीं ऐन्द्रियता का आभास होते हुए भी दोनों कलाकारों ने उनका उदात्तीकरण किया। स्वयं प्रसाद को यह प्रेरणा सम्भवतः इस महान कवि से प्राप्त हुई। उनकी प्रेममूलक कल्पना में दर्शन का योग आगे चलकर अधिक हो गया और वे एक सौन्दर्यवादी के साथ ही दार्शनिक रचनाकार भी हुए। अपने काव्य-वैभव, सूक्तियों और उपमाओं में कालिदास अमर हैं, उनका कलापक्ष अत्यन्त प्रौढ़ है। प्रसाद का चिन्तन क्षेत्र सबल है। यद्यपि

आरम्भ में ही आदर्श के बीज निहित थे, किन्तु क्रमशः इनका विकास हुआ और प्रौढ़ता आती गयी। कालिदास सर्वत्र अपने सुन्दर स्वरूप में दिखाई देते हैं और कविता, नाटक सभी में उनकी महान कला का आभास मिल जाता है। इन दोनों कलाकारों में उनका युग प्रतिबिम्बित हुआ और देश-काल से प्रेरणा लेकर उन्होंने समस्त बिखरी हुई सामग्री का उपयोग किया। कालिदास में भारतीय इतिहास का वैभव प्रतिभासित हुआ। प्रसाद में बीसवीं शताब्दी की संघर्षकालीन परिस्थितियाँ सन्निहित हुईं। देश-काल का चित्रण करते हुए भी उनके काव्य के मूल में मानव के शाश्वत उपादान निहित हैं, जो उसे चिरन्तन बना देते हैं। महान कलाकार की विवेचना करते हुए टी. एस. इलियट ने कहा कि उसकी कृति एक प्रौढ़ मस्तिष्क की वस्तु होती है। सभ्यता और भाषा तथा कवि की शक्ति ही काव्य को सार्वभौमिकता प्रदान करती है।[3] भावना के व्यापकत्व में दोनों रचनाकार अपने युग के प्रतिनिधि होकर चिरन्तनता प्राप्त करते हैं। प्रसाद के रूप में हिन्दी में जैसे कालिदास आकर प्रस्तुत हुए, जिन्होंने सौन्दर्य, काम को उसके उदात्त रूप में अंकित किया।

अश्वघोष, भारवि, माघ आदि

संस्कृत की काव्य परम्परा महाकवि कालिदास से प्रभावित होकर आगे बढ़ती है। सभी कवि किसी-न-किसी रूप में उनका ऋण स्वीकार करते हैं। रंगमंच की दृष्टि से उस समय नाटकों की अधिक रचना हुई और भास का 'स्वप्नवासवदत्ता', विशाखदत्त का 'मुद्राराक्षस', शूद्रक का 'मृच्छकटिक' आदि कृतियाँ मिलती हैं। नाटकों में काव्य और कला का विकास हुआ और परम्परा आगे चलती रही। अश्वघोष ने 'बुद्धचरित' महाकाव्य की रचना की और बौद्धधर्म से प्रभावित इस कृति में गौतमबुद्ध की जीवन घटनाओं का विस्तृत उल्लेख है। धर्म प्रतिपादन का अधिक ध्यान रखने के कारण उन्होंने स्वाभाविक शैली को ग्रहण किया। बौद्ध धर्म दर्शन उन्होंने काव्यात्मक रीति से प्रस्तुत किया। काव्य में दार्शनिक नियोजना की दृष्टि से वे कवि प्रसाद के अधिक समीप आते हैं। अश्वघोष की भाँति प्रसाद भी दर्शन से प्रभावित थे और अपने काव्य में उन्होंने चिन्तन पक्ष को अंकित किया। गीतों के अतिरिक्त 'कामायनी' के अन्त में प्रत्यभिज्ञा दर्शन का निरूपण हुआ। दोनों कवि दार्शनिक प्रतिपादन करते हुए भी उपदेशात्मक अथवा नीरस शैली नहीं ग्रहण करते। काव्य में दर्शन सन्निहित हो जाता है। अश्वघोष के अनुसार, 'निर्वाण' दीपक की भाँति है, जो अन्तिम समय तक आलोक विकीर्ण करता है।' इसी के साथ अश्वघोष ने प्रेम-विरह आकर्षण आदि की अन्य सहज

मानवीय भावनाओं को भी काव्य में स्थान दिया और बौद्ध दर्शन की करुणा के प्रतिपादन में अधिक सफल हुए। प्रसाद के काव्य में भी विभिन्न दर्शनों की छाया है, विशेषतया शैवदर्शन की।

संस्कृत में महाकाव्य और नाटक की धाराएँ साथ-साथ चलीं और कवियों ने दोनों क्षेत्रों में कार्य किया। काव्य की व्यापक रूपरेखा में ही नाटक, महाकाव्य आदि का समावेश था। नाटक में गद्य-पद्य का मिश्रण भी मिलता है और उस क्षेत्र में कालिदास का प्रभाव है। वाल्मीकि से चली आती हुई महाकाव्य परम्परा कालिदास में एक अन्य स्वरूप धारण कर लेती है। इतिहास-पुराण के कथानकों को लेकर महाकाव्य निर्माण की परिपाटी चल पड़ी और अनेक प्रबन्धकाव्य सम्मुख आये। अश्वघोष के अनन्तर भारवि का 'किरातार्जुनीय' एक प्रसिद्ध महाकाव्य है। शैव भारवि का 'अर्थगौरव' प्रसिद्ध है और वे चमत्कारी कवि के रूप में प्रतिष्ठित हैं। एक ही शब्द से अनेक अर्थों की व्यंजना हो जाती है तथा अलंकारों से काव्य आच्छादित रहता है। लगभग सातवीं शताब्दी में माघ का प्रवेश हुआ। वैष्णव होने के कारण उनके काव्य में विष्णु की अभ्यर्थना प्रचुर मात्रा में है। उपमा, अर्थ-सौन्दर्य और लालित्य तीनों ही गुणों से संस्कृत के आचार्यों ने उन्हें विभूषित किया है। माघ में दर्शन, काव्य, कला का सुन्दर समन्वय हुआ और 'शिशुपालवध' में उसका पूर्ण विकास दिखाई देता है। दृश्य-वर्णन में माघ को अत्यन्त सफलता प्राप्त हुई। कालिदास की भाँति वे विस्तृत वर्णन नहीं करते, किन्तु अलंकृत शैली के द्वारा एक चित्र प्रस्तुत करते हैं। उनका प्रभात-वर्णन प्रसिद्ध है और पर्वत, सन्ध्या, चन्द्रोदय तथा ऋतु के सजीव वर्णन उन्होंने किये। 'रजनी के अन्तिम प्रहर में ही पूर्वसन्ध्या उषा आ रही है। कमल के समान अंगवती बालिका आँखों में सुन्दर अंजन लगाकर अपनी चपल, तोतली भाषा में माँ के पीछे भागती है। प्रभाती अरुण कमल का शरीर लेकर, भ्रमरावली के कज्जल से नेत्रों को राँजकर, विहंगों का कलरव करती हुई रजनी के पीछे दौड़ी चली जाती है (शिशुपालबधः 11/40)।

माघ अलंकारी कवि हैं, किन्तु उनमें पर्याप्त पांडित्य और काव्य-प्रतिभा है। माघ का ज्ञान हिन्दू दर्शन, बौद्ध दर्शन, नाट्यशास्त्र, अलंकारशास्त्र, व्याकरण, संगीत आदि में उत्कृष्ट था।[8] महाकाव्य में आने वाले सन्ध्या, प्रभात आदि वर्णन स्वयं में एक परिपूर्ण चित्र प्रतीत होते हैं। कथा की धारा को आगे न बढ़ाते हुए भी वे एक स्वतन्त्र अस्तित्व रखते हैं। इसी प्रकार कामायनी का प्रत्येक सर्ग अपनी पृथक् सत्ता रखता हुआ स्वयं में पूर्ण दिखाई देता है। सर्ग तथा वर्णन की इस भावात्मक, कलात्मक प्रणाली में माघ और प्रसाद के काव्यों में समानता है।

'शिशुपालवध' में प्राप्त होने वाले चित्र प्रकृति के उपादानों को लेकर चलते हैं। 'कामायनी' का मनोवैज्ञानिक निरूपण कवि ने विस्तार से प्रस्तुत किया। मनु और श्रद्धा की आन्तरिक भावनाएँ पर्याप्त समय तक चलती रहती हैं। उस अवसर पर कथा की गति मन्थर पड़ जाती है। स्वतन्त्र वर्णन की इस प्रणाली को दोनों कवियों में देखा जा सकता है और इस दृष्टि से वे एक-दूसरे के समीप प्रतीत होते हैं।

भवभूति

लगभग आठवीं शताब्दी में भवभूति ने अपनी करुण धारा से काव्य को परिप्लावित किया। वे करुण रस को मुख्य रूप में स्वीकार करते हैं। "एक ही जल कभी भँवर, कभी बुद्‌बुद् तथा कभी तरंग के रूप में आता है, किन्तु वास्तव में वह जल ही है। करुण रस भी इसी प्रकार विभिन्न स्वरूप धारण कर लेता है।"

अपने नाटकों में भवभूति ने करुण भावनाओं का अधिक निरूपण किया और उसमें वे संस्कृत के अनेक कवियों से आगे हैं। 'उत्तररामचरित' की सीता में तो करुणा ही आकर घनीभूत हो गयी है। राम के वियोग में सीता 'करुणा की मूर्ति' मात्र प्रतीत होती हैं। कपोल पांडु और दुर्बल हो गये हैं। सम्पूर्ण तृतीय अंक में करुणा-ही-करुणा दिखाई देती है। विद्वानों ने स्वीकारा है कि करुण अनुभूति में भवभूति अद्वितीय हैं। 'मालतीमाधव' में प्रेम का सुन्दर चित्रण हुआ है। भवभूति पर कालिदास की छाया है और शैली में पारस्परिक साम्य भी मिलता है। महाकाव्य के निर्माण में कालिदास ने संश्लिष्ट रूपकों की योजना की और नाटकों में पात्रों के सम्वाद को माध्यम बनाया। भवभूति ने नाटकों में शब्द योजना पर विशेष ध्यान दिया, जिसके द्वारा वे विशिष्ट अर्थ की व्यंजना करना चाहते हैं। भवभूति वेदान्त, सांख्य आदि के भी विद्वान थे और यद्यपि माघ की भाँति उनके काव्य का दार्शनिक पक्ष बहुत प्रौढ़ नहीं कहा जा सकता, तथापि कहीं-कहीं उसका आभास प्राप्त हो जाता है। भवभूति करुणा के भाव-संचार का प्रयत्न करते हैं, किन्तु प्रसाद में करुणा का ग्रहण एक जीवन-दर्शन के रूप में अधिक हुआ। 'कामायनी' में विरहिणी श्रद्धा का रूप 'उत्तररामचरित' की सीता की भाँति प्रतीत होता है; वियोग की घड़ियों में भी वे अपनी गरिमा जीवित रखती है। भवभूति की करुणा का स्वरूप सार्वभौमिक और पात्रों में उसकी प्रतिष्ठा करने के कारण नाटककार तटस्थ रहता है। प्रसाद में व्यक्तिगत पक्ष अधिक है और 'आँसू' के अतिरिक्त गीतों में भी अनुभूत अंश है। इसी कारण कवि भावना का उदात्तीकरण कर अपने व्यक्तित्व के प्रसार से उसे व्यापक बनाता है। भवभूति की करुणा से रसनिष्पत्ति होती है, किन्तु प्रसाद उसे जीवन दर्शन बनाते हैं।

जयदेव

संस्कृत काव्य में गीतों की परम्परा महाकाव्य, नाटक आदि के साथ ही चलती रही। 'मेघदूत' में गीतितत्व की प्रमुखता है। यक्ष की वैयक्तिकता, आन्तरिक अभिव्यंजना इस काव्य को गीतिमयता देते हैं, जिससे अनेक गीतकारों ने प्रेरणा प्राप्त की। प्रायः शृंगार रस की प्रधानता संस्कृत के आरम्भिक गीतों में दिखाई देती है और अनुभूति की तीव्रता की अपेक्षा कल्पना का प्रवाह अधिक मिलता है। भर्तृहरि ने अपने तीन शतकों में नीति, शृंगार और वैराग्य को ग्रहण किया। अमरुक के मुक्तकों में अर्थ लावण्य और लालित्य है। गीतिकाव्य की परम्परा में शीर्ष स्थान जयदेव का है। राधा-कृष्ण के सम्बन्ध को लेकर उन्होंने सरस-कोमल भावनाओं का अंकन किया। तन्मयता की मात्रा से गीतों में भाषा में गति, ताल और लय आ जाते हैं। "एक प्रतिभाशाली तथा असाधारण कलाकार के रूप में उनका लक्ष्य काव्य का गीतिमय, चित्रमय, आलंकारिक, सुन्दर तथा सरस स्वरूप प्रस्तुत करना था। उनकी प्रवृतियाँ सौन्दर्योन्मुख अधिक हैं।[5]

भावना का प्रवाह, भाषा की गतिशीलता और अभिव्यक्ति में कोमलकान्त पदावली का प्रयोग लेकर गीतों को सर्वथा एक नया स्वरूप 'गीत-गोविन्द' में प्रस्तुत हुआ। भावना के क्षेत्र में यदि शृंगार के आधार पर कृष्ण-राधा को नायक-नायिका रूप में स्वीकार किया जा सकता है तो वैष्णवजन उसमें भक्ति का आभास पाते हैं। भावों की गति, भाषा का अलंकरण और कल्पना का उन्मुक्त रूप यहाँ प्राप्त होते हैं। कथा एक गौण वस्तु रह जाती है और भावनाएँ घनीभूत होकर आती हैं। 'गीत-गोविन्द' के बारह सर्गों में वर्णन का अधिक आग्रह नहीं, किन्तु भावों का प्रकाशन सर्वत्र मिल जाता है। जयदेव के गीतों में ग्राम अथवा लोकगीतों का स्वरूप अधिक साहित्यिक होकर आया। शैली परिष्कृत और अभिव्यंजना कलात्मक हो गयी है, पर भावना और अनुभूति की तीव्रता में कमी नहीं है। कवि ने अपने आन्तरिक प्रकाशन के लिए राधा-कृष्ण के मधुर रूपक को लिया और भक्ति की अपेक्षा उसमें सौन्दर्य-भावना अधिक प्रबल प्रतीत होती है।

गीत-सृष्टि की दृष्टि से जयदेव महान् कलाकारों में हैं। भावावेग के साथ ही दर्शन का भी योग कहीं-कहीं गीतों में मिल जाता है। विद्वान स्वीकारते हैं कि सम्पूर्ण गीत-परम्परा को जयदेव के 'गीतगोविन्द' ने प्रभावित किया। गीतकार प्रसाद के गीतों का वैयक्तिक पक्ष क्रमशः कम होता जाता है। 'झरना' के गीतों में आन्तरिक प्रकाशन की भावना अधिक है। 'लहर' में कवि बाह्य निरूपण भी करता है। प्रसाद के प्रणय और विरह गीतों में भावों की तीव्रता और अनुभूति का गाम्भीर्य अवश्य है, किन्तु प्रवाह की दृष्टि से वे जयदेव के समीप नहीं आ

पाते। प्रसाद के गीतों में दार्शनिक समावेश की भी प्रवृत्ति है और 'कामायनी' में गीतितत्त्व की प्रधानता होते हुए भी गीतों का प्रवाह मन्द है। गीत चिन्तन के भार से मन्थर गति से चलते हैं और उनमें निर्झर का-सा प्रवाह कम मिलता है। वैयक्तिक अनुभूति का सहज प्रकाशन करने वाले गीतों में प्रसाद ने अलंकरण का प्रयास नहीं किया। राधा-कृष्ण को आधार मानकर चलनेवाले जयदेव अपनी भाव तन्मयता में बेजोड़ हैं। उनके गीतों का प्रवाह नैसर्गिक है, किन्तु प्रसाद एक सजग और जागरूक कलाकार की भाँति उनमें भाव अथवा दर्शन का प्रतिपादन करते हैं। यद्यपि दोनों गीतकारों में उत्प्रेक्षा और रूपक का बाहुल्य है, किन्तु निस्सन्देह जयदेव के गीतों की गति प्रसाद में कम प्राप्त होती है। वर्ड्सवर्थ का 'अनवरत प्रवाह' जयदेव में मिल सकता है। शैली और छन्द के कई प्रकार प्रसाद के गीतों में प्राप्त होते हैं। गीतिनाट्य, गीतिरूपक तथा कई प्रकार के गीतों की रचना उन्होंने की। गीतिकाव्य के विभिन्न स्वरूपों को प्रसाद ने अपनाया और विभिन्न प्रकार की भावनाएँ वहाँ बिम्बित हुईं। उनके गीत साहित्यिक, अलंकृत शैली के हैं, जबकि जयदेव में लोकजीवन की भावना भी प्रतिबिम्बित हुई है।

संस्कृत की विस्तृत काव्य-परम्परा में कला के विभिन्न स्वरूप प्राप्त होते हैं। प्रबन्ध और मुक्तक दोनों शैलियाँ साथ-साथ चलती रहीं तथा नाटकों में भी गद्य-पद्य का समावेश हुआ। प्रसाद के पूर्व भारतीय समाज में संस्कृत काव्य के प्रति एक आस्था होने लगी थी। कालिदास का सार्वभौमिक महत्त्व स्वीकृत हो चुका था। प्रसाद युग चेतना को लेकर चलना चाहते थे और जीवन के शाश्वत उपादानों का चित्रण उनका उद्देश्य था। शैली की दृष्टि से उनमें संस्कृत के कवियों का-सा परिष्कार और अलंकरण है। कालिदास की सुन्दर शब्द-योजना की भाँति उन्होंने अपने भावों की अभिव्यंजना के लिए लाक्षणिक प्रणाली का अवलम्ब ग्रहण किया। देश काल को साथ लेकर चलने के कारण उनमें भावना के कई रूप दिखाई देते हैं। सौन्दर्य और आनन्द की भावना प्रमुख होते हुए भी राष्ट्रीयता का समावेश है। प्रसाद एक सांस्कृतिक कलाकार हैं। काव्यनिर्माण के लिए उन्होंने किसी कवि विशेष का अवलम्ब नहीं ग्रहण किया, किन्तु उनके सम्मुख महान् आदर्श अवश्य थे। 'काव्य और कला...' में रस और आनन्द की विवेचना करते समय उन्होंने इन दोनों में एक समन्वय स्थापित किया। उनका दृष्टिकोण भारतीय है और संस्कृत के कवियों के वे अधिक निकट प्रतीत होते हैं। आनन्दवर्द्धन और अभिनवगुप्त की आनन्द कल्पना जीवन के अधिक समीप है। अपने निबन्धों में काव्य के विभिन्न स्वरूपों की व्याख्या करते हुए उन्होंने संस्कृत काव्य-परम्परा की विवेचना प्रस्तुत की। 'काव्य को आत्मा की संकल्पात्मक मूल अनुभूति मानने में भारतीय

भावना ही कार्य करती है। वे श्रेय-प्रेय, रस-अलंकार का समन्वय करना चाहते हैं और उनका काव्य इसी का प्रयास है। संस्कृत काव्य ने प्रसाद को भाव के उदात्तीकरण तथा शैली के परिष्कार की प्रेरणा दी। दर्शन का काव्य में समावेश भी उसी आधार पर हुआ। प्राचीन परम्परा को अपना आदर्श मानकर भी प्रसाद ने उसका अन्धा अनुसरण नहीं किया। उनका स्वर मौलिक है और उन्होंने नवीन सामग्री का उपयोग किया। यदि एक ओर उनमें कालिदास की कल्पना, भवभूति की करुणा, अभिनवगुप्त का दर्शन है तो साथ ही आधुनिक मनोविज्ञान तथा युग की संघर्षशील परिस्थितियाँ भी उनमें समाविष्ट हुईं। इसमें सन्देह नहीं कि प्रसाद का अतीत के सर्वोत्तम के प्रति अनुराग है और वे इसका सही उपयोग करते हैं। 'प्रतिध्वनि' कहानी में भी उन्होंने कहा है कि 'अतीत और करुणा का जो अंश साहित्य में हो, वह मेरे हृदय को आकर्षित करता है।' प्रसाद का काव्य श्रेष्ठ भारतीय काव्य परम्परा का नवीन चरण है।

विद्यापति

आरम्भिक हिन्दी काव्य में धार्मिक आधार के अतिरिक्त वीर-शृंगार की भावना भी क्रमशः प्रविष्ट हो रही थी तथा 'रासों' की परम्परा में इन्हीं भावनाओं का समन्वय हुआ। इस प्रणाली को लेकर कई प्रबन्ध काव्यों की रचना 'रासो' के अन्तर्गत की गयी, जिनमें वीरता शृंगार की सम्मिलित भावनाएँ निहित हैं। कुछ आगे चलकर विद्यापति ने अधिक स्वतन्त्र पथ ग्रहण किया और उनकी रचनाओं में शृंगार अपने उन्मुक्त रूप में आया। जयदेव ने राधा-कृष्ण के रूपक द्वारा मधुर भावों का प्रकाशन किया। विद्यापति के पदों में भी वही सरसता और भाव-विह्वलता है।

विद्यापति शैव थे, किन्तु भाव प्रकाशन के लिए उन्होंने वैष्णवों के प्रसिद्ध रूपक का सहारा लिया। राधा-कृष्ण को आधार बनाकर उन्होंने जो काव्य निर्माण किया, उससे बंगाल का वैष्णव काव्य भी प्रभावित हुआ। बंगाल में चैतन्य आदि की वैष्णव परम्परा में इसे देखा जा सकता है। राधा-कृष्ण के सौन्दर्य शृंगार का अंकन करते हुए 'मैथिल कोकिल' ने भावना और पांडित्य दोनों से काम लिया। पदों में एक ओर यदि कवि का भावावेश दिखाई देता है तो साथ ही उसमें अलंकारों का भी समावेश है। सौन्दर्य और रूप का सहज स्वरूप यहाँ प्रकट होता है। भावना की तीव्रता राधा-कृष्ण के मिलन और विरह प्रसगों में देखी जा सकती है। उसमें अनुभूति का अधिक योग है। विरहिणी राधा के चित्रण में वियोगिनी नायिका का रूप विद्यापति ने प्रस्तुत किया। अनुभूति पक्ष में विद्यापति एक सौन्दर्यवादी के रूप में आते हैं। मान, मिलन के अवसरों पर अधिक उन्मुक्त हो जानेवाली शृंगार

भावना क्रमशः ऊपर उठती है और कहीं-कहीं एक रहस्यात्मकता भी व्यंजित हो जाती है। श्रृंगार के साथ भक्ति की भावनाएँ भी यहाँ समन्वित हुई हैं। भावों की तन्मयता के कारण विद्यापति के पदों में लोकगीतों का माधुर्य है। अलंकार और पांडित्य उनके साहित्यिक पक्ष को प्रौढ़ता प्रदान करते हैं। भावना के क्षेत्र में कवि का प्रेम दर्शन लौकिक से अलौकिक तक जाता है। नायिका के विभिन्न रूपों का अंकन उन्होंने स्वतन्त्र रीति से किया। उसका नखशिख वर्णन अनुभूति और अलंकार के द्वारा हुआ। सौन्दर्य का चित्र है :

कवरी भय चामर गिरि कन्दर, मुख भय चाँद अकास
हरिनि नयन भय, स्वर भय कोकिल, गति भय गज वनवास
सुन्दरि काहे मोहि सम्भाषि न वासी।

"काली सुन्दर वेणी के भय से मृग कन्दराओं में भाग गया। मुख के डर से चन्द्रमा आकाश में छिप गया। नेत्रों से पराजित होकर हरिण, स्वर से हार कर कोकिल और गति से मात खाकर हाथी वन में भाग गये। हे सुन्दरी! तू अब भी मुझसे सम्भाषित नहीं करतीं।"

हृदय और मस्तिष्क दोनों से ही विद्यापति ने काव्य-सृजन में सहायता ली। विद्यापति की बहुमुखी प्रतिभा का विकास मुक्तक के क्षेत्र में ही हुआ। राधा-कृष्ण के विभिन्न स्वरूपों का अंकन उन्होंने छोटे-छोटे पदों में किया। कल्पना के द्वारा उन्होंने नवीन उद्भावनाएँ कीं, जिससे आगे आनेवाली कृष्ण काव्य परम्परा ने प्रेरणा ली। विद्यापति एक भक्त, श्रृंगारी तथा पंडित के समन्वित रूप में प्रतीत होते हैं। भावना का आवेश जहाँ प्रबल है, वहाँ उक्ति भी सहज रहती है। रूप वर्णन आदि में कवि अपने पांडित्य का प्रदर्शन करता है।

विद्यापति के व्यक्तित्व को प्रसाद के निकट रखने पर प्रतीत होता है कि दोनों में किंचित् समानता है। शैव होते हुए भी प्रसाद भक्ति की अपेक्षा दर्शन की ओर अधिक उन्मुख हुए। शिव के रूप का अधिक आग्रह न करते हुए उन्होंने शैव दर्शन के समरसता सिद्धान्त और आनन्द को अपनाया। दोनों कवि सौन्दर्यवादी होते हुए भी आदर्श की ओर जाते दिखाई देते हैं, किन्तु विद्यापति भक्ति की ओर और प्रसाद दर्शन की ओर मुड़ते हैं। सौन्दर्य-निरूपण तथा भावाभिव्यक्ति में इन कवियों ने किसी सम्प्रदाय का अनुसरण नहीं किया। विद्यापति जयदेव से अधिक प्रभावित थे और प्रसाद ने भी बिखरी हुई परम्परा का लाभ उठाया। विद्यापति का पांडित्य अलंकार-योजना में दिखाई देता है, किन्तु प्रसाद ने उसका उपयोग चिन्तन पक्ष को दृढ़ बनाने तथा दार्शनिक निरूपण में किया, साथ ही उन्होंने उससे भाषा का परिष्कार तथा भावों का उदात्तीकरण भी किया। प्रसाद का पक्ष

इसी कारण विद्यापति से अधिक साहित्यिक है और उनका महाकाव्य उसी का प्रतीक। सौन्दर्यानुभूति में यद्यपि विद्यापति के पदों में अलंकरण का आग्रह भी है, किन्तु दोनों कवियों में परस्पर समानता है। उपमाएँ भावाभिव्यंजना में सहायक है। विद्यापति श्रमकणयुक्त मुख की उपमा तारिका-मंडित चन्द्रमा से देते हैं। प्रसाद में भाव-सादृश्य का यही स्वरूप मिलता है। नारी की अलकों को वे घनशावक मानते हैं, जो विधु के पास सुधा भरने जा रहे हैं (श्रद्धा सर्ग)। दोनों कवियों के सौन्दर्य-निरूपण में सजीवता है और उपमाओं की नियोजना स्थूल नहीं है। प्रसाद के 'सुधामय मुख' की भाँति 'पदावली' का पद है:

चाँद सार लये मुख रचना करि लोचन चकित चकोर
अमिय धोय आँचर जनि पोछल दह दिस भेल उजोर
कामिनि कोने गढ़लि।

"चन्द्रमा के सार से मुख की रचना हुई, आँखें चकित चकोर की-सी हैं। जल से मानो अमृत से मुख धोकर, अंचल से पोंछते ही दसों दिशाओं में उजियाला छा गया।"

मुक्तक रचना में विद्यापति और प्रसाद का क्षेत्र एक-दूसरे से किंचित् दूर हो जाता है। मैथिल कोकिल की 'देसिल बअना' में स्थानीय प्रभाव है। बंगाल में अभिनव जयदेव का जो प्रभाव पड़ा, उसका एक कारण यह भी था कि उनकी भाषा वहाँ के लिए कुछ परिचित थी। प्रसाद एक सांस्कृतिक रचनाकार हैं। उनका दृष्टिकोण भाषा शैली के क्षेत्र में कालिदास की भाँति है। वे अधिक साहित्यिक और परिष्कृत रूप में आते हैं। जीवन दर्शन के क्षेत्र में विद्यापति क्रमशः श्रृंगार से होते हुए भक्ति की ओर जाते हैं। सौन्दर्य-प्रेम के साथ प्रसाद जीवन संघर्ष को भी ग्रहण करते है। एक मुक्तक रचयिता के रूप में विद्यापति के पदों में सरसता और मधुरता है, पर चिन्तन की प्रौढ़ता में प्रसाद आगे हैं। उनका क्षेत्र विस्तृत है और उसमें मानव की अनेक जीवन-दशाओं का समावेश हुआ। इन दोनों कवियों में समन्वित व्यक्तित्व प्राप्त होता है और वे भावुक, पंडित, कलाकार रूप में सम्मुख आते हैं।

निर्गुण काव्य और सूफी कवि

बदलती हुई सामाजिक परिस्थितियों के साथ काव्य की धारा में परिवर्तन होते रहे। हिन्दू-मुसलमानों के परस्परिक सम्पर्क से एक नवीन सभ्यता का विकास हुआ। कई महापुरुषों ने उन दोनों में सौमनस्य लाने का प्रयास किया और बोलचाल की सीधी-सादी भाषा को काव्य के द्वारा सामाजिक सुधार भी था। इस कारण

उन्होंने जनता की भाषा का माध्यम बनाया। नामदेव ने महाराष्ट्र में इसी का प्रयत्न किया। निर्गुण धारा के प्रमुख कवि कबीर हैं, जिन्होंने ज्ञान का उपदेश दिया। उनका लक्ष्य काव्य को अपनाया। 'राम रहीम' की अभिन्नता बताते हुए, उन्होंने 'निर्गुण ब्रह्म' को प्रतिष्ठित किया। रूपकों और अन्योक्तियों के द्वारा कबीर ने अपने मत का प्रतिपादन किया, जिसमें रहस्य का भी आभास मिलता है। आत्मा परमात्मा को विभिन्न रूपकों के द्वारा वे समझाने का प्रयत्न करते हैं। कबीर में विद्रोही चेतना और भक्तिभावना को एक साथ देखा जा सकता है।

फारस के सूफ़ियों की प्रेम कल्पना से भारतीय सूफ़ियों का स्वरूप किंचित् भिन्न हो गया। उसमें देशी परम्परा का भी योग हुआ और उसने देश की काव्यधारा को आगे बढ़ाया। सूफ़ी कवियों में भारतीय अद्वैत दर्शन से निकटता भी दिखाई देती है। लौकिक से अलौकिक तक जाने का उनका प्रयास प्रेम को अधिक महत्त्व देता है। प्रेम के अभाव में सूफ़ी एक क्षण भी आगे नहीं बढ़ सकता। वह अल्लाह के 'जमाल' पर जान देता है और उसी के सहारे आगे चलता है। सूफ़ी कवि मदिरा, ज्योति तथा सौन्दर्य के प्रतीकों द्वारा अपने नैसर्गिक प्रेम की अभिव्यक्ति करते हैं। प्रेम के प्रतिपादन में उनका पूर्ण भावावेश और हर्षोन्माद दिखाई देता है। प्रणय के विषय में फरीदुद्दीन अत्तार का कथन है : "प्रेम का एक कण भी समस्त संसार से बढ़कर है, और थोड़ी-सी पीड़ा भी समग्र संसार के प्रेमियों से बड़ी है।" प्रेम को लेकर सूफ़ी लौकिक से अलौकिक को प्राप्त करता है। क्रमशः वह रहस्य भावना की ओर जाता दिखाई देता है। भारतीय अद्वैत भावना की भाँति सूफ़ी दर्शन भी अल्लाह को एक मानकर उसे महत्त्व देता है। सूफ़ी कवियों ने अपने प्रेम दर्शन की अभिव्यंजना सरस प्रतीकों के द्वारा की। बुलबुल, बाँसुरी, साकी, प्याला आदि प्रतीकों से रहस्य भावना का उद्घाटन किया। सूफ़ी मसनवियों में स्त्री-पुरुष के पारस्परिक सम्बन्धों का आलम्बन परमात्मा एवं आश्रय जीवात्मा है।

भारत में सूफ़ियों के आने के पूर्व निर्गुण धारा प्रवाहित थी। उसमें ज्ञान, प्रेम और रहस्य की समन्वित भावना थी और ज्ञान-प्रसार के उद्देश्य से सरल भाषा में काव्य सृजन हो रहा था। सूफ़ियों ने धार्मिक झगड़ों में भाग न लेकर 'प्रेम की पीर' को अपना साधन बनाया। उनके सम्मुख भारतीय वेदान्त की अद्वैत भावना भी उपस्थित थी, जिससे उनकी प्रेम कल्पना मेल खाती थी। उन्होंने प्रेम-गाथाओं को लेकर काव्य रचना आरम्भ की और उसमें शुष्क ज्ञानोपदेश की अपेक्षा सरस प्रणय का अधिक आग्रह किया। कहानियों की कल्पना में भारतीय वातावरण और प्रणाली को उन्होंने अपनाया, पर उनके प्रतीक और अभिव्यंजना

की पद्धति सूफी थी। अपने प्रेम में उन्होंने जड़-चेतन को एक किया और मानवीकरण की विशेषता उनमें पाई जाती है। कुतबन की 'मृगावती' से आरम्भ होनेवाली प्रेममार्गी सूफी कविता देश की काव्यधारा का एक अंग बन गयी और उसने भारतीय काव्य को प्रभावित किया। कुतबन, मंझन आदि सूफी कवियों की अपेक्षा जायसी ने हिन्दी काव्य को अधिक समृद्ध बनाया। पद्मावत को हिन्दी की साहित्यिक प्रबन्धकाव्य परम्परा की प्रथम प्रौढ़ कृति स्वीकार करनी पड़ती है। काव्य-कला दृष्टि से इसकी कल्पना उदात्त है। रतनसेन और पद्मावती की प्रेमगाथा के द्वारा कवि ने प्रेम दर्शन का प्रतिपादन किया। जीवन की विभिन्न दशाएँ उसमें समाविष्ट हुईं और एक व्यापक दृष्टिकोण सम्मुख आया। नागमती के वियोग वर्णन में विप्रलम्भ शृंगार की सुन्दर व्यंजना हुई। अन्त में कवि काव्य को आत्मा-परमात्मा के रहस्यात्मक सम्बन्ध में परिवर्तित करता है। सूफी कवियों ने हिन्दी काव्य को प्रेम की सम्पूर्ण भावुकता प्रदान की। उनकी कविता में प्रेम का भावावेश है, जो उसे रसमय करता है। उनके प्रतीत इतने सरस और मधुर थे कि आगे आने वाले कवियों ने उन्हें प्रणाली दी, जिससे अलौकिक, आध्यात्मिक स्तर तक भी कवि जा सकता है।

प्रसाद में प्रेम, सौन्दर्य तथा यौवन के स्वर हैं और उन्होंने इन भावनाओं का अधिक प्रकाशन किया। लौकिक भावनाओं का उन्होंने उदात्तीकरण किया और उनके आदर्श रूप को अपनाया। 'झरना' के गीतों में उर्दू कवियों की प्रत्यक्ष अभिव्यंजना शैली दिखाई देती है, जिसमें प्रेमी अपने प्रिय से पराजित होकर निराशा प्रकट करता है। प्रसाद को उनके काव्य में प्रेम की इस साधारण अभिव्यंजना से निरन्तर आगे बढ़ते हुए देखा जा सकता है। प्रसाद अपने प्रेम को समग्न मानवता के कल्याण नियोजित करते हैं। 'आँसू' में प्रेम और विरह की तन्मयता आकर प्रस्तुत हुई। प्रेम का ताप और वेदना इस गीतिकाव्य में प्राप्त होते हैं। सूफी कवि जहाँ प्रेम के लौकिक धरातल से उठकर अलौकिक तक जाता है, वहाँ 'आँसू' अपने प्रेम को व्यापक बनाता है। 'आँसू' में प्रेम की व्यापकता है जो 'कामायानी' में जाकर आध्यात्मिक होती है। वहाँ प्रेम-कल्पना को आध्यात्मिक बनाने के लिए कवि ने किसी प्रतीक योजना का सहारा नहीं लिया। 'पद्मावत' की भाँति 'कामायनी' रूपक को आरोहित नहीं करती, किन्तु उसका आधार दार्शनिक है। दर्शन प्रेम को उदात्त और आध्यात्मिक बनाता है। 'आँसू' का प्रेम लौकिक होकर भी उदात्त है। उसकी प्रेम अभिव्यंजना में सूफियों की-सी भाव तन्मयता मिलती है। वहाँ प्रिय का रूप वर्णन करने में प्रसाद ने सूफी कवियों की प्रतीक प्रणाली से प्रेरणा ली। केवल उपमानों से सम्पूर्ण चित्र

प्रस्तुत कर दिया जाता है। सूफी कवि लौकिक से अलौकिक का आभास देते हैं, किन्तु प्रसाद रूपकों से सौन्दर्यांकन करते हैं :

विद्रुम सीपी सम्पुट में
मोती के दाने कैसे
है हंस न, शुक यह, फिर क्यों
चुगने को मुक्ता ऐसे।

'आँसू' का रूप वर्णन प्रतीकों के द्वारा सूक्ष्म हो गया है और उसकी ऐन्द्रियता हुई है। रूपवर्णन तथा प्रेम निरूपण में सूफियों की जो पद्धति 'आँसू' में दिखाई देती है, वह कई स्थलों पर स्पष्ट हुई है। घायल हृदय, छालों का फूटना आदि कल्पनाएँ फारसी सूफी काव्य में बहुलता से प्राप्त होती हैं। प्रेम के आवेश में फारसी उर्दू कवि अपने प्रिय के रूप को भूल जाते हैं। उनके हृदय में केवल प्रेम का ताप शेष रह जाता है, जिसके सहारे वे अन्त तक जाते हैं। लिंग-विपर्यय तथा मानवीकरण की यह पद्धति उनमें पर्याप्त मात्रा में प्राप्त होती है। उनका माशूक स्त्री-पुरुष दोनों रूपों में आता है। 'आँसू' में भी कवि कभी-कभी अपने प्रिय को पुरुष रूप में अंकित करता है। सम्पूर्ण रूप-वर्णन नारी का है, किन्तु कहीं-कहीं भावावेश में कवि लिंग-विपर्यय कर जाता हैः

मादकता से आये तुम
संज्ञा से चले गये थे।

प्रसाद में मानवीकरण पाया जाता है। जड़ता में चेतनता के आरोप की प्रणाली भारतीय काव्य में भी प्राप्त होती है। स्वयं वाल्मीकि के राम ने प्रकृति से सीता का पता पूछा था। सूफी मानवीकरण के द्वारा प्रेम की विह्वलता का परिचय देते हैं, किन्तु संस्कृत काव्य में उससे रसनिष्पति में सहायता ली गयी। कालिदास की प्रकृति सजीव रूप में प्रस्तुत हुई। प्रसाद की मानवीकरण प्रणाली उसी के समीप है। सूफी काव्य में प्रतीकों का बाहुल्य है और इसके अभाव में कविता आगे नहीं बढ़ पाती। प्रसाद ने रूप वर्णन को सूक्ष्मतम करने के लिए बिम्ब प्रतीक का अवलम्ब अवश्य लिया, किन्तु वे स्वनिर्मित हैं। उनमें कवि की मौलिकता निहित है। प्रलय घटाएँ, झँझा, जलनिधि पतझड़, विधु आदि प्रतीकों के सन्दर्भ उनके अपने है और वे एक विशेष भावना का परिचय देते हैं। प्रसाद के आरम्भिक काव्य फारसी में सूफी कवियों की जो छाया दिखाई देती है, वह क्रमशः दूर होती गयी। कवि ने भारतीय दर्शन के योग से उसे एक नवीन रूप दिया। उसकी प्रेम कल्पना एक उदात्त धरातल पर प्रस्तुत हो सकी।

सूर-तुलसी

सगुण धारा में कृष्ण-राम की दो धाराएँ चलीं। वल्लभ सम्प्रदाय के प्रमुख कवि सूर ने स्वच्छन्द रूप में कृष्ण लीला को चित्रित किया। वे पूर्व कवियों की भाँति साम्प्रदायिक मत का प्रतिपादन नहीं चाहते वरन् भक्ति और काव्य का सुन्दर समन्वय करते हैं। उन्होंने रूपकों के द्वारा सौन्दर्य वर्णन की नयी परम्परा को जन्म दिया। सूर के भावना-क्षेत्र की चर्चा करते हुए प्रसाद ने लिखा है कि 'कृष्ण में प्रेम, विरह और समर्पण वाले सिद्धान्त का प्रचार करके भागवत के अनुयायी वल्लभ-स्वामी चैतन्य ने उत्तरी भारत में उसी कारण अधिक सफलता प्राप्त की। उनकी धार्मिकता में मानवीय वासनाओं का उल्लेख उपास्य के आधार पर होने लगा था।[6] सूर में विवेक और आनन्द का जो समन्वय प्रस्तुत हुआ, वह प्रसाद के लिए सम्भवतः एक प्रेरणा बना (चित्राधार : पृ. 186)। तुलसी ने राम को आदर्श माना। उनका लक्ष्य कबीर की तरह सामाजिक था, किन्तु काव्य पक्ष की समृद्धता भी उनमें आयी। वे हिन्दी काव्य के आदर्श स्वीकारे जाते हैं और उनकी परम्परा संघर्षशील युग में नये रूप ग्रहण करती है। राम कथा को आधार मानकर चलनेवाले मैथिलीशरण को उसकी रूपरेखा में परिवर्तन करना पड़ा। प्रबन्धकाव्य के रूप में रामचरितमानस और 'कामायनी' में अन्तर है। तुलसी में एक नैतिकता का आग्रह है, जो भक्त कवियों के लिए आवश्यक है। बीसवीं शती के प्रसाद अपने युग की चेतना से प्रभावित होकर यथार्थ का भी निरूपण करते हैं, यद्यपि उनका मूल स्वर एक आदर्शवादी कवि का है। अभिव्यंजना की शैली में प्रसाद तुलसी की भाँति कविता की प्रकृति शैली लेकर चलते हैं, जिसे अधिकांश महाकवि अपनाते हैं।

शृंगार काल

उत्तर मध्ययुग में भक्ति के स्थान पर शृंगार परम्परा प्रवाहित हुई। कविता नायक-नायिका में उलझ गयी और जीवन के व्यापक क्षेत्र से उसका सम्बन्ध छूट गया। पांडित्य-प्रदर्शन तथा शृंगारी पदावली से राजाओं का मनोरंजन करने में कवियों की प्रतिभा का क्षरण हुआ। कुछ कवि चारण की स्थिति तक पहुँच गये और उन्होंने अपने राजाओं का यशोगान किया। शृंगार तथा नखशिख वर्णन में बिहारी ने गागर में सागर भरा तो केशव ने चमत्कार-प्रदर्शन किया। शृंगारी कविता में शैली की दृष्टि से अनेक कलात्मक प्रयोग हुए। छोटी-छोटी मुक्तक रचनाओं में किसी एक भावना को घनीभूत करने का प्रयास किया गया। लक्षण ग्रन्थों के निर्माण में

कवियों की दृष्टि सूक्ष्म अंकन और अर्थ-चमत्कार की ओर उत्मुख हुई। अलंकार समन्वित होती हुई भी बिहारी की रचनाएँ अपने उक्ति चमत्कार में सुन्दर हैं।

श्रृंगार युग में परम्परा से अलग चलनेवाला स्वच्छन्द कवियों का भी वर्ग है। घनानन्द, द्विजदेव, ठाकुर, पद्माकर आदि श्रृंगार को काव्य में प्रमुखता देते हुए भी परम्परा का अधिक अनुसरण नहीं करते। प्रचलित परिपाटी का त्याग कर उन्होंने नवीन मार्ग ग्रहण किया। उनमें अनुभूति का अंश अधिक है और लक्षण ग्रन्थों को देखकर काव्य निर्माण की प्रवृत्ति उनमें कम मिलती है। भावना का अधिक आग्रह इन कवियों में प्राप्त होता है। श्रृंगार के इन स्वच्छन्द कवियों ने आन्तरिक प्रकाशन, लाक्षणिक व्यंजना, अर्थ गाम्भीर्य पर अधिक जोर दिया जिससे काव्य में नयी रसात्मकता आयी। प्रायः प्रेम को ही काव्य का विषय बनाया गया और उसी के अन्तर्गत विभिन्न अन्तर्दशाएँ प्रदर्शित की गयीं। प्रेम के पूर्ण परिपाक के लिए संयोग की अपेक्षा वियोग पक्ष को प्रमुखता प्राप्त हुयी। कवित्त, सवैया के मुक्तको में घनानन्द ने अपनी 'नेह की पीर' को प्रकाशित किया। विद्वानों की टिप्पणी है कि उनकी लाक्षणिकता, चित्रमयता और विरोधात्मकता की शक्ति असाधारण है। भावना-शिल्प सामंजस्य ने उनकी कविता को और भी पुष्ट किया। अनुभूति की सच्चाई, भाव की तीव्रता, अभिव्यंजना की लाक्षणिकता, भाषा की वक्रता में घनानन्द का महत्त्वपूर्ण स्थान है। द्विजदेव ने प्रकृति के विभिन्न रूपों का चित्रण करने में अपनी स्वतन्त्र कल्पना का परिचय दिया। ठाकुर की भावसम्पन्न कविता में लोकोक्ति का भी समावेश हुआ। पद्माकर प्रकृति दृश्यों में रमते हैं। श्रृंगार के स्वतन्त्र पथ का अनुसरण करने वाले इन कवियों ने काव्य के आन्तरिक पक्ष पर अधिक ध्यान दिया। भावना का उसमें अधिक आग्रह है और अधिकांश रूप में प्रेम को काव्य का विषय बनाया गया। मार्मिक अभिव्यंजना के लिए वियोग पक्ष का ग्रहण अधिक किया गया और उसके द्वारा भाव के विभिन्न रूपों का प्रदर्शन हुआ। मन की अन्तर्दशाएँ उसमें प्राप्त हो जाती हैं। कविता का नैसर्गिक स्वरूप इन कवियों ने अपनाया। प्रसाद की ब्रजभाषा रचनाएँ घनानन्द आदि स्वच्छन्द श्रृंगारी कवियों के अधिक समीप हैं। स्वयं भारतेन्दु ने उनसे प्रेरणा प्राप्त की थी। घनानन्द और प्रसाद की रचनाओं को एक-दूसरे के निकट प्रस्तुत किया जा सकता है। दोनों कवियों में वैवाहिक अनुभूति का प्रकाशन दिखाई देता है। घनानन्द में उसे अन्त तक देखा जा सकता है किन्तु प्रसाद में उसका उदात्तीकरण होता है और वे दर्शन की ओर भी जाते है मन की जिन अन्र्दशाओं को घनानन्द ने अंकित किया, वे प्रसाद-काव्य का मनोवैज्ञानिक आधार बन गयी है। इन कवियों में प्रेम का स्वच्छन्द रूप प्राप्त होता है।

भारतेन्दु

भारतेन्दु ने शृंगार को नये जीवन-सन्दर्भ दिये। भावना के क्षेत्र में उनकी दो प्रवृत्तियाँ स्पष्ट दिखाई देती हे। एक ओर यदि वे भक्ति शृंगार की रसमयी कविता का निर्माण में प्रयत्नशील हैं, तो साथ ही उनमें देश-प्रेम की भावना भी प्रबल है। समय की सामाजिक स्थिति का चित्रण करने के लिए उन्होंने गद्य का माध्यम चुना पर कविता में भी कहीं-कहीं वहीं भावना झलक जाती है। इस प्रकार की रचनाएँ सीधी-सादी भाषा में हैं और उनमें कवि का विशेष प्रयत्न नहीं मिलता। देशप्रेम तथा सामाजिक सुधार के लिए लिखी गयी कविताओं का लक्ष्य लोकहित है। भारतेन्दु के कवि हृदय का सच्चा स्वरूप उनकी प्रेमविषयक कविताओं में दिखाई देता हे। वैष्णव कवियों की भाँति लौकिक पक्ष तथा भक्ति का समन्वय यहाँ है। शृंगारकालीन स्वच्छन्दतावादी कवियों की परम्परा का विकास भारतेन्दु की शृंगारी रचनाओं द्वारा हुआ। इनके विषय में शुक्लजी का मत है कि "भारतेन्दुजी के शृंगार रस के कवित्त, सवैये बड़े हो सरस और मर्मस्पर्श होते थे। 'प्रिय प्यारे तिहारे निहारे निहारे बिना, दुखिया अँखियाँ नहिं मानति है', 'मेरे हूँ पै आँखें ये खुली ही रहि जायँगी' आदि उक्तियों का रसिक समाज में बड़ा आदर रहा।"[8] भारतेन्दु साहित्य का मूल रूवा यद्यपि राष्ट्रीय भावना, समाज-सुधार है, किन्तु वास्तव में वे अनुभूति को काव्य का प्राण स्वीकार करते हैं। नाटकों के बीच में आने वाली कविताओं में उनका हृदय पक्ष प्रबल है। 'चन्द्रावली' नाटिका में प्रेम-गीत गाया गया है। 'प्रेम-मालिका', 'प्रेम माधुरी', 'प्रेम-प्रलाप' आदि में शृंगार, भक्ति, प्रेम की कविताएँ हैं। उनमें कवि कृष्ण की भक्ति से अनुप्राणित तो है, किन्तु उसकी वैवाहिक अनुभूति भी प्रकाशित हुई है। अनुभूति का यह सहज रूप भावों में मार्मिकता ले आता है। ब्रजभाषा के प्रचलित शब्दों का व्यवहार करके भारतेन्दु ने अभिव्यंजना को सरसता प्रदान की। उनका स्वर घनानन्द आदि हृदयवादी कलाकारों की भाँति प्रतीत होता है। विदा-गान गाते हुए वे कहते है :

आजु लौं जौ न मिले तो कहा
हमतौ तुम्हारे सब भाँति कहावै।
मेरो उराहनो है कछु नाहिं
सबै फल आपने भाग के पावै।
जौ 'हरिचन्द' भई सो भई
अब प्राण चलो चहैं तासों सुनावै।

प्यारे जू! है जग की यह रीति
विदा के समय सब कंठ लगावै।

'भारतेन्दु' के बहुमुखी व्यक्तित्व, असाधारण प्रतिभा ने अपने युग का पथ-प्रदर्शन किया और आगे आने वाली पीढ़ी को भी उनसे प्रेरणा प्राप्त हुई। प्रसाद के पूर्व यही परम्परा थी और वे सहज इससे प्रभावित हुए। अपने कवि जीवन के आरम्भ में ही उन्होंने 'भारतेन्दु प्रकाश' कविता लिखी थी जिसमें उन्होंने भारतेन्दु की प्रशंसा की है। इस प्रकार भारतेन्दु से प्रसाद की बड़ी प्रेरणा में भारतेन्दु की भाँति काव्य की सामाजिक और व्यक्तिगत दो विचारधाराएँ पृथक् होकर नहीं चलतीं। प्रसाद क्रमशः विकास की ओर अग्रसर होते गये और अन्त में उनकी वैवाहिक अनुभूतियाँ समष्टि तक पहुँचीं। प्रसाद एक सांस्कृतिक कलाकार हैं, किन्तु भारतेन्दु की कृतियाँ का सामाजिक मूल्य अधिक है। अपनी आरम्भिक प्रेममूलक शृंगारी रचनाओं में प्रसाद रीतिकाल की स्वच्छन्द काव्य परम्परा को भारतेन्दु की भाँति आगे बढ़ाते हैं। भारतेन्दु की प्रेमविषयक कविताओं में आत्मसभर्पण, त्याग और पवित्र प्रेम की भावना सन्निहित है। उसकी अभिव्यक्ति में अनुभूति का सत्य प्रतिफलित हुआ। स्वयम् प्रसाद भारतेन्दु को रसानुभूति के महत्व का प्रतिष्ठापक स्वीकार करते हैं, 'जिन्होंने साहित्य की भावधारा को वेदना तथा आनन्द में नये ढंग से प्रयुक्त किया। उन्हीं के द्वारा यथार्थवाद भी पल्लवित होता रहा।'[10] इसमें सन्देह नहीं कि प्रसाद का काव्य क्रमशः उदात्तभूमि की ओर अग्रसर हुआ, किन्तु उसके मूल में प्रेम असै आनन्द की भावना विद्यमान है। चिन्तनशील कवि ने कुशलता से भावनाओं का उदात्ती-करण किया। जीवन की अभिव्यक्ति, सरस शब्दावली, शृंगार के परिष्कार की प्रेरणा आरम्भ में प्रसाद को भारतेन्दु से प्राप्त हुई। उनका आरम्भिक स्वर भारतेन्दु के समीप है :

'हिय हरखाओ प्रेम रस बरसाओं आओ
बेगि प्रानप्यारे नेक कंठ सों लगाओं तो।' (चित्राधार, पृ. 174)

भाषा के क्षेत्र में भी प्रसाद ने भारतेन्दु की भाँति ब्रज के प्रचलित शब्दों का अधिक प्रयोग किया। इसी कारण रचनाएँ सरस और बोधगम्य हैं। ब्रजभाषा से खड़ी बोली में आने पर भी प्रसाद का मूल स्वर प्रेम-प्रधान बना रहा और इस दृष्टि से ये दोनों रचनाकार एक-दूसरे के समीप हैं।

बंगला काव्य और रवीन्द्र

बांगला-काव्य का प्रौढ़ स्वरूप वैष्णव कवियों में प्राप्त होता है। चौदहवीं शताब्दी में चण्डीदास ने अपनी मधुर वाणी से बंगाल को रसमय किया। भक्ति, प्रेम का

संगीत गाते हुए उन्होंने तन्मय होकर गीत सृजन किया और इस दृष्टि से वे जयदेव, विद्यापति, सूर और मीरा की परम्परा में हैं। चण्डीदास में भावना का सरस, उन्मुक्त रूप मिलता है। बिना किसी अलंकरण के कवि के गीत मुखरित होते हैं, और मर्म को छू लेने की असाधारण शक्ति उनमें होती है। "अपने सारल्य, माधुर्य तथा करुणा में चण्डीदास अपूर्व हैं। उनके गीत सीधे हृदय तक चले जाते हैं।"[10] उन्होंने 'पिरिती' को धरम-करम मानकर उसी के लिए प्राण दे देने को कहा। साथ ही 'मानुष सत्य' को वे सर्वोपरि स्वीकार करते हैं। आगे आनेवाली परम्परा को चण्डीदास ने बहुत प्रभावित किया। भारतचन्द्र, माइकेल, बंकिम तक इस ऋण को स्वीकार करते हैं। स्वयं रवीन्द्र ने चण्डीदास की वैष्णव-परम्परा का एक नवीन आकार प्रस्तुत हुआ, जिसकी पीठिका में भारतीय नवजागारण है।

रवीन्द्र को विश्व साहित्य में प्रमुख स्थान प्राप्त है। उनमें पूर्व-पश्चिम, प्राचीन-नवीन का एक समन्वित रूप प्राप्त होता है। अपने समय की बिखरी हुई चेतना को उन्होंने साहित्य के माध्यम से व्यक्त किया और उनकी प्रेरणा देश की सर्वोत्तम संस्कृति है। अपने विचारों को प्रकाशित करने के लिए उन्होंने एक बड़े रंगमंच पर कार्य किया और विभिन्न प्रकार के माध्यमों को अपनाया। रवीन्द्र यदि एक ओर अपनी परम्परा से प्रभावित थे तो साथ ही जीवन के शाश्वत मूल्यों को लेकर वे एक सशक्त विचारधारा के प्रतिपादन के लिए समस्त नवीन सामग्री का उपयोग भी करते हुए दिखाई देते हैं। अपनी बहुमुखी प्रतिभा और महान व्यक्तित्व से उन्होंने देश को प्रभावित किया। स्वयं छायावाद को आरम्भिक प्रेरणा उनसे प्राप्त हुई और आचार्य हजारी प्रसाद द्विवेदी के अनुसार उसके दार्शनिक निरूपण, रहस्यात्मक संकेत, सूक्ष्म अंकन में रवीन्द्र की छाया दिखाई देती है।[11] क्रमशः यह प्रभाव कम होता गया और प्रसाद, निराला, पन्त, महादेवी का स्वतन्त्र व्यक्तित्व सम्मुख आया।

प्रसाद की आरम्भिक रचनाओं की प्रवृत्तियों के विश्लेषण से उन पर परम्परा का प्रभाव ज्ञात होता है। विकास के साथ-साथ कवि को इन बन्धनों से मुक्ति पाने का प्रयास करते हुए भी देखा जा सकता है। कालिदास, सूर, तुलसी, घनानन्द आदि से प्रेरणा प्राप्त करने वाला 'चित्राधार' का कवि अन्त में अपने समय की चेतना को ग्रहण करता है। इस अवसर पर भारतीय साहित्य में रवीन्द्र का व्यक्तित्व सर्वोत्कृष्ट रूप में था और प्रसाद पर उनका प्रभाव देखा जा सकता है। वास्तव में प्रसाद महाकवियों के सहारे ऊँचाई पर चढ़ने का प्रयास कर रहे थे और अपने आरम्भिक प्रयासों में उन्होंने उनसे प्रेरणा प्राप्त की। धीरे-धीरे कवि का स्वतन्त्र व्यक्तित्व प्रकाश में आया और वह स्वयं एक उच्च भावभूमि पर पहुँचा।

रवीन्द्र और प्रसाद के कृतित्व की प्रेरणाओं में पर्याप्त साम्य है। भारत के समन्वय काल में इन दो रचनाकारों ने अपना कार्य आरम्भ किया और उनमें एक समन्वित रूप का दर्शन होता है। रवीन्द्र में पूर्व-पश्चिम का संगम है तो प्रसाद में प्राचीन-नवीन का। रवीन्द्र पश्चिम की विचारधाराओं से परिचित थे और पाश्चात्य रचनात्मक प्रवृत्तियों का उन पर प्रभाव है। उनकी रहस्यवादी कल्पना में भारतीय दर्शन के साथ पाश्चात्य भावना की अतिरंजकता का भी योग है। एक ओर यदि वे कबीर-चण्डीदास से प्रेरणा ग्रहण करते हैं तो साथ ही वर्डस्वर्थ का प्रकृति वर्णन उन्हें प्रभावित करता है। इन बाह्य प्रभावों के होते हुए भी रवीन्द्र की मूल प्रेरणा प्रसाद की भाँति भारतीय दर्शन तथा साहित्य है। "चण्डीदास और उनके अनुयायियों की वैष्णव परम्परा बंगाल में अपना जो प्रभुत्व स्थापित किये हुये थी, उनकी भावुक तन्मयता को रवीन्द्र ने भी अपनाया।"[12] दर्शन के क्षेत्र में वैष्णव परम्परा के अतिरिक्त शाक्तमत से भी उन्हें प्रेरणा प्राप्त हुई और उन्होंने नारी की सर्वोत्कृष्ट कल्पना 'माता' रूप में की। प्रसाद का दार्शनिक प्रतिपादन कहीं-कहीं रवीन्द्र की अपेक्षा अधिक संश्लिष्ट हो जाता है। 'कामायनी' में इच्छा, ज्ञान, कर्म की रूपरेखा को प्रस्तुत करते हुए कवि दार्शनिक बनता है। रवीन्द्र व्यावहारिक जगत का ध्यान रखते हैं और उनका दर्शन जीवन के धरातल को साथ लेकर चलता है। कवि कुलगुरु कालिदास इन दोनों को आदर्श रूप प्रतीत हुए और अपने भाषा-परिष्कार तथा सौन्दर्य योजना में उन्होंने उनका अवलम्ब ग्रहण किया। रवीन्द्र ने उर्वशी और शकुन्तला का सौन्दर्य-वर्णन करते हुए सूक्ष्म उपमानों का प्रयोग किया है। परिष्कृत भाषा, सरस भाव ऐन्द्रियता पर एक प्रकार का आवरण डाल देते हैं। प्रसाद की कई प्रारम्भिक कृतियों का कथानक कालिदास से लिया गया है। उनके रूप-वर्णन का सूक्ष्म प्रतीक-विधान शृंगार का परिष्कार कर लेता है। इस दृष्टि से दोनों कवि साधारण कवियों की ऐन्द्रियता से क्रमशः दूर होते हैं। वे आदर्श का निर्माण स्वयं कर लेते हैं और उनका व्यक्तित्व स्पष्ट हो जाता है।

रवीन्द्र और प्रसाद आनन्दवादी, सौन्दर्यवादी कलाकार के रूप में साहित्य में प्रतिष्ठित हैं। वे जीवन-जगत के कण-कण में आनन्द खोजते हैं और उसके प्रति उनकी पूर्ण आस्था है। जीवन के प्रति एक रूमानी निराशा की छाया प्रसाद के काव्य में दिखाई पड़ती है, किन्तु वह कवि की प्रेममूलक भावना का परिणाम है। प्रेम के पूर्ण परिपाक के लिए उन्होंने उसकी नियोजना की; अन्यथा वे निवृत्तिमूलक वैराग्य का समर्थन नहीं करते। श्रद्धा ने मनु से कहा था :

कर्म का भोग, भोग का कर्म
यही जड़ का चेतन आनन्द

रवीन्द्र को भी जीवन से अपार प्रेम है। वे कहते हैं: "इस अत्यन्त सुन्दर भुवन में मैं मरना नहीं चाहता, मनुष्यों के बीच जीवित रहना चाहता हूँ!" इस प्रकार दोनों कवि प्रवृत्तिमार्गी हैं। रवीन्द्र और प्रसाद को मानवता के प्रति असीम अनुराग है, अपार प्रीति। इन दोनों मानवीय भावनाओं के रचनाकारों में दो पृथक् सीमाओं को देखा जा सकता है। यदि प्रसाद जीवन को उदात्त उच्च भावभूमि पर ले जाकर श्रद्धाजन्य आनन्दवाद की कल्पना करते हैं तो रवीन्द्र उस स्थान पर ईश्वर को खोजते हैं, जहाँ कृषक पसीने में लिप्त हल चला रहा है। रवीन्द्र का व्यक्तित्व निस्सन्देह इस अवसर पर प्रसाद की अपेक्षा अधिक सामाजिक धरातल पर है। मानव में आस्था के कारण, इन कवियों ने जीवन की समस्याओं को ग्रहण किया और उनके चिरन्तन मूल्यों को पहचाना। उनकी दृष्टि अन्तर्मुखी है और वे किसी भी वस्तु के मूल में जाने का प्रयत्न करते हैं। स्त्री-पुरुष व्यक्ति-समाज की प्रहेलिकाओं को सुलझाने में इन जागरूक कलाकारों ने शाश्वत सत्य को प्रतिपादित किया। वे मानवता की भावनाओं के व्याख्याकार हैं। रवीन्द्र एक स्थल पर कहते हैं: "सर्व मनुष्यों के भीतर की एक चिर मानव की आनन्द किरण मेरे चित्त में विकीर्ण हो जाय।"

कलात्मक सौष्ठव के क्षेत्र में रवीन्द्र और प्रसाद एक-दूसरे के अधिक समीप हैं। भाषा और कल्पना के द्वारा उन्होंने अभिव्यक्ति का अधिकाधिक परिष्कार किया। उदात्तीकरण और परिमार्जन के प्रयास में प्रसाद की भाषा प्रांजल और शिष्ट हो गयी। रवीन्द्र के गीतों के मूल में ग्रामगीतों की परम्परा भी दिखाई देती है, जो उन्हें लोक-जीवन के निकट पहुँचाती है। रवीन्द्र के गीतों का बंगाल में पर्याप्त प्रचार है। किसी-किसी स्थान पर रवीन्द्र और प्रसाद के गीतों के भाव एक-दूसरे से मिल जाते हैं। रवीन्द्र के नन्दिनी नाटक का एक गीत है :

मम स्वप्न तरी खेनेवाली, तू कौन अरी बाले चंचल
पालों में मादक पवन लगी, गायनरत प्राण चले पागल।
तू सुध-बुध मुझे भुलाती चल
डगमग निज नाव डुलाती चल
निच दूर घाट पर तू ले चल।

प्रसाद का गीत 'ले चल मुझे भुलावा देकर, मेरे नाविक धीरे-धीरे' का स्वर इसके निकट है। दोनों कलाकारों का कलात्मक सृजन एक क्रमिक विकास के रूप में हुआ। वे क्रमशः ऊँचाई की ओर बढ़ते गये तथा उनके व्यक्तित्व का विकास होता गया। यदि रवीन्द्र की परिणति 'गीतांजलि' में दिखाई देती है तो प्रसाद की 'कामायनी' उनके सम्पूर्ण चिन्तन का परिणाम है। सोनार तरी, चित्रा, जीवन

देवता, मानसी, उर्वशी आदि रवीन्द्र की श्रेष्ठ रचनाएँ अपने कलात्मक सौष्ठव और भाव-विन्यास में प्रसाद के गीतों से अधिक उत्कृष्ट हैं, किन्तु 'कामायनी' का महाकाव्यत्व प्रसाद के व्यक्तित्व को काव्य के क्षेत्र में आगे ले जाता है।

रवीन्द्र और प्रसाद की साहित्यिक मान्यताएँ सौन्दर्य तथा आनन्द के निकट होते हुए भी किंचित् भिन्न हैं। रवीन्द्र का सामाजिक दृष्टिकोण सचेत है और उन्होंने इसके लिए नाटक, उपन्यास, कहानी आदि का माध्यम अपनाया। प्रसाद का पक्ष दार्शनिक और सांस्कृतिक है तथा वे मानव-जीवन की गहराई में जाते हैं। काव्य को 'आत्मा की संकल्पात्मक मूल अनुभूति' स्वीकार कर, वे दर्शन तथा मनोविज्ञान को समन्वित करते हैं। रवीन्द्र के लिए "कला का कार्य मनुष्य के सच्चे संसार की सृष्टि तथा सत्य, सौन्दर्य के जीवित विश्व का निर्माण है।"[13] मानव के कवि होते हुए भी रवीन्द्र व्यावहारिक अधिक हैं और प्रसाद दार्शनिक।

अपने सम्पूर्ण साहित्यिक कृतित्व में रवीन्द्र प्रसाद से अधिक व्यापक क्षेत्र में कार्य करते प्रतीत होते हैं। उनका रंगमंच विशाल है और उनकी चेतना विराट। शिशु साहित्य और ग्रामगीतों से लेकर सांस्कृतिक, रचनाएँ तक उन्होंने प्रस्तुत कीं। उनके इस प्रयास में उनका सामाजिक, राजनीतिक लक्ष्य भी निहित है। उन्हें प्रकृति को निकट से देखने का अवसर प्राप्त हुआ था और इस कारण उनकी कृतियों में वह बड़े उन्मुक्त रूप में आयी है। विदेश यात्राओं में उन्हें कई सभ्यताओं-संस्कृतियों को देखने का अवसर प्राप्त हुआ तथा उन्होंने अपने व्यापक अनुभव का उपयोग किया। प्रसाद एक एकान्तसेवी सांस्कृतिक कलाकार के रूप में सम्मुख आते हैं, जिन्होंने अपने अध्ययन और सूक्ष्म मानसिक अंकन को काव्य में प्रतिष्ठित किया। प्रसाद ने हिन्दी में लगभग वही कार्य किया, जो बाँग्ला में रवीन्द्र कर रहे थे। उनके द्वारा भारतीय साहित्य की सही परम्परा की पुनर्स्थापना हुई। रवीन्द्र और प्रसाद आधुनिक साहित्य के दो कलाकार हैं, जिन्होंने कालिदास की परम्परा को आगे बढ़ाया। उन्होंने नाटक, उपन्यास, कविता, कहानी, निबन्ध आदि के द्वारा देश की सांस्कृतिक चेतना को अभिव्यक्ति दी। यदि रवीन्द्र अपने विस्तृत कृतित्व के कारण आगे जाते हैं तो प्रसाद भी महाकाव्य के सृष्टा रूप में प्रतिष्ठित हैं।

आधुनिक हिन्दी काव्य

आधुनिक काव्यधारा एक परिवर्तित दिशा की सूचक है। नये युग की चेतना जगत-जीवन पर इतना व्यापक प्रभाव डाल रही थी कि रचनाकार के लिए उनकी उपेक्षा करना कठिन था। द्विवेदी-युग का कवि एक संक्रान्तिकालीन अवस्था से

पार हो रहा था, जहाँ उसकी कामना राष्ट्रीयता को साथ लेकर चलने की थी। वह भारतेन्दु के प्रेममूलक कवित्त, सवैयों तथा देशभक्ति की सामाजिक रचनाओं से आगे जाने में प्रयत्नशील दिखाई देता है। गद्य के क्षेत्र में भारतेन्दु ने महत्त्वपूर्ण कार्य किया, किन्तु कविता को द्विवेदी युग में ही नवीन कलेवर प्राप्त हुआ। खड़ी बोली को काव्य का माध्यम बनाकर कवि अपने नव-निर्माण में संलग्न हुए। उनके सामने समस्याएँ थीं और इसीलिए उन्हें एक मध्यमार्ग निकालना पड़ा। एक ओर यदि देश की राष्ट्रीयता से अनुप्राणित होकर वे उद्बोधन गीत गाना चाहते थे तो साथ ही सामाजिक रूढ़ियों को हिलाने की भी उनकी आकांक्षा थी। यूरोप की बढ़ती हुई स्वच्छन्दतावादी भावना ने नवीन मानववाद को जन्म दिया था। इस प्रकार भावना और विचार के क्षेत्र में द्विवेदी-युग के कलाकार को नये प्रयोग करने पड़े। धर्म-समाज, मानव-ईश्वर को उसे साथ-साथ लेकर चलना पड़ा। गुप्तजी की 'भारत-भारती' में राष्ट्रीयता की भावना प्रमुख है, तो 'साकेत' में उर्मिला के नारी-चरित्र का अंकन है। हिन्दु, गुरुकुल, कृषक आदि सामाजिक विषयों के साथ यशोधरा-उर्मिला के करुण चरित्र भी प्राप्त होते हैं। गुप्तजी का भाव क्षेत्र आदर्शपरक है, किन्तु कला की दृष्टि से उसमें सूक्ष्मता अपेक्षाकृत कम है। इस युग के अन्य प्रमुख कवि संस्कृतमय कोमलकान्त पदावली के साथ ही 'चोखे चौपदों' की मुहावरेदार, चलती-फिरती भाषा भी उन्होंने अपनाई।

वास्तव में आधुनिक हिन्दी काव्य के आरम्भिक रचनाकार परम्परा और प्रगति के मध्य संघर्ष करते हुए दिखाई देते हैं। कवियों ने समय की गति के साथ अग्रसर होने का प्रयत्न किया, किन्तु वे परम्परा से पूर्ण मुक्ति न पा सके। गुप्तजी के आदर्शवाद तथा हरिऔधजी की संस्कृत पदावली के मूल में परम्परा का प्रभाव है। इस युग के महाकाव्य 'साकेत' और 'प्रियप्रवास' पर भी अतीत की स्पष्ट छाया है। आचार्य नन्ददुलारे वाजपेयी ने द्विवेदी-युग का आकलन करते हुए लिखा है कि "ऐसा प्रतीत होता है, कवियों की भावना अतीत के सौन्दर्यलोक की तुलना में नयी जीवन परिस्थिति से सन्तोष नहीं पा सकी थी।"[14] वास्तव में इस युग ने आगे आने वाले कवियों के लिए एक भूमि तैयार की। छायावाद में बहुलता से प्राप्त होने वाली प्रगीत रचना, सूक्ष्म कल्पना की ओर स्वयं गुप्तजी को जाते हुए देखा जा सकता है, यद्यपि वे नवीन प्रवृत्तियों को पूर्णतया अपना न सके। द्विवेदी-युग ने हिन्दी काव्य को भाषा छन्द की दृष्टि से नवीन उपहार दिये, किन्तु उसमें कलात्मक सौष्ठव भावात्मक विस्तार का उदात्त स्वरूप कम ही रहा। उसके वर्णनात्मक आग्रह उसे कला की उस सीमा पर न ले जा सके, जहाँ उस समय रवीन्द्र उपस्थित थे।

द्विवेदी-युग में ही श्रीधर पाठक आदि कवियों का स्वर किंचित् भिन्न दिखाई देता है। उन्होंने परम्परा से थोड़ा हटकर प्रकृति के रूपों को अपना आधार बनाया। गोल्डस्मिथ के अनुवादों से भी उनकी स्वच्छन्द प्रवृत्तियों का क्षीण आभास मिलता है। देश की परिवर्तित स्थितियाँ काव्य पर अपना प्रभाव स्थापित करने लगी थीं। नागरिक सभ्यता के विकास के साथ ज्ञान के नये-नये द्वार खुलने लगे थे। भारत की राजनीतिक परिस्थिति में अन्तर आया और विश्व महायुद्ध के अनन्तर जीवन के प्रति एक नवीन दृष्टिकोण का उदय हुआ। राष्ट्र अपनी सामयिक समस्याओं पर विचार करने के साथ ही सांस्कृतिक परम्परा, दार्शनिक निधि की ओर भी प्रेरणा के लिए जाने लगा और उसका दृष्टिकोण अधिक व्यापक हुआ। राजनीति में स्वयं गाँधी का महान व्यक्तित्व सम्मुख था, जिसे राष्ट्रीयता-अन्तर्राष्ट्रीयता का सुन्दर समन्वय कहा जा सकता है। छायावाद की पृष्ठभूमि में देश की सांस्कृतिक चेतना है, जिसने उसे शक्ति दी।

छायावाद का उदय एक विचित्र असन्तोष और अतृप्ति को लेकर हुआ। नवयुग का कवि पौराणिक चरित्र कथात्मक वर्णन, नीरस आदर्श से सन्तुष्ट न हो सकता था। बदलती हुई परिस्थितियाँ जीवन का अधिक संघर्षशील रूप ला रही थीं। उसकी भावना-परिधि में व्यक्ति-समाज के अतिरिक्त प्रकृति, जीव, ईश्वर आदि वस्तुओं का समावेश हुआ और उसका दृष्टिकोण विस्तृत हो गया। शुक्लजी का आरोप है कि "छायावाद का प्रधान लक्ष्य काव्यशैली की ओर था, वस्तुविधान की ओर नहीं। अर्थ भूमि या वस्तु भूमि का तो उसके भीतर बहुत संकोच हो गया। समन्वित विशाल भावनाओं को लेकर चलने की ओर ध्यान न रहा।" वास्तव में छायावाद के विषयों में नवीनता अधिक थी और उसने कल्पना के प्रसार के लिए मार्मिक उमंगों को ग्रहण किया। राम-सीता के पौराणिक स्वरूप में उसे आधुनिक संघर्षशील मानव की परिस्थितियाँ प्राप्त न हो सकीं और इसी कारण उसने नारी-पुरुष समस्या को प्रत्यक्ष रीति से ग्रहण किया। छायावाद का भावलोक मानव के अन्तर्जनक को लेकर चला और स्थूल का स्थान सूक्ष्म को प्राप्त हुआ। निराशा-करुणा ने तत्कालीन कवि को शाश्वत मूल्यों की ओर उन्मुख किया। छायावाद का कवि तटस्थ दर्शक की भाँति किसी चित्र का निर्माण नहीं कर सकता था, उसे स्वयं अपने हृदय को उसमें समन्वित करना पड़ा। काव्य में उसका व्यक्तित्व भी प्रकाशित हुआ। भावना के क्षेत्र में छायावाद में जड़-चेतन, दृश्य-अदृश्य सभी को स्वीकार किया, किन्तु उसकी दृष्टि बाह्य, स्थूल, भौतिक की अपेक्षा आन्तरिक, सूक्ष्म, आध्यात्मिक अधिक दिखाई देती है और इसी कारण शुक्लजी को उसका क्षेत्र संकुचित प्रतीत होता है।

हिन्दी की नयी प्रवृत्तियों को अनुकरण मात्र कह देना उचित नहीं। छायावाद को अपनी सांस्कृतिक चेतना और काव्य परम्परा से पर्याप्त प्रेरणा प्राप्त हुई और उसने नवीन के साथ प्राचीन को भी स्वीकार किया। वास्तव में वह एक नवनिर्माण में प्रयत्नशील दिखाई देता है, जिसमें विद्रोह की अपेक्षा कृतित्व की भावना अधिक है। छायावाद ने दर्शन पक्ष को अंगीकार किया, जिसमें जीवन की सम्पूर्ण इकाई को लेकर चलने की भावना थी। उसका प्रयास दर्शन को अधिकाधिक व्यावहारिक बनाकर जीवन की धारा के साथ मिला देना था। उपनिषदों का अद्वैतवाद विशेष प्रेरणा बनकर आया। दार्शनिक दृष्टि के कारण सूफियों के प्रेमदर्शन की छाया भी पड़ी, किन्तु छायावाद के कवि ने सभी को जीवन का कलेवर पहनाया। काव्य, जीवन और दर्शन में समन्वय उसकी विशेषता है।

नयी भावना की अभिव्यक्ति के लिए कवियों को भाषा, शैली छन्द में किंचित् परिवर्तन करना अनिवार्य हो गया। किसी भावखंड को प्रकाशित करने के लिए प्रासंगिक भाषा का प्रयोग आवश्यक है। जीवन के अनेक रूपों की अभिव्यक्ति में खड़ी बोली का आरम्भिक स्वरूप असमर्थ था। छायावाद के कवि ने भाषा में सरसता और माधुर्य का प्रवेश कर दिया, जिससे वह आन्तरिक प्रकाशन में सफल हो सका। भाषा के द्वारा उसने अभिव्यक्ति को प्रौढ़ किया, जिससे नूतन कल्पनाएँ अपने उदात्त रूप में प्रस्तुत हो सकीं। छायावाद की भाषा एक प्रकार से अभिजात समाज की भाषा है। भाषा के नवीन रूप को गढ़ने की प्रवृत्ति इतनी प्रबल हुई कि पन्त ने व्याकरण के बन्धन भी स्वीकार नहीं किये। पल्लव की भूमिका में उन्होंने कहा कि "शब्द और अर्थ रस की धारा में तल्लीन होकर अपना पृथक् अस्तित्व ही खो बैठते हैं।" निराला का व्यक्तित्व अधिक विद्रोही है और उन्होंने 'छन्द बन्ध' की कारा को समाप्त कर दिया। छायावाद का कलाकार नयी जमीन तोड़ता हुआ दिखाई देता है। सुदृढ़ भूमि पर खड़े होने के लिए उसने युग की सांस्कृतिक चेतना का अवलम्बन ग्रहण किया।

छायावाद का प्रमुख माध्यम प्रगीत है। छोटे-छोटे भावखंडों को इनमें घनीभूत किया जा सकता है। यहाँ कवि को अपने भावनिरूपण तथा आन्तरिक प्रकाशन के लिए अधिक स्वतन्त्रता रहती है और उसका व्यक्तित्व स्पष्ट हो उठता है। छायावाद के प्रगीतों ने जयदेव विद्यापति की परम्परा की ओर देखा, किन्तु उन्हें इतने से सन्तोष न था। उन्होंने राधा-कृष्ण के रूपकों का परित्याग किया और कल्पना तथा अनुभूति के सहारे स्वतन्त्र नियोजना की। इसमें वैयक्तिक अनुभूति का अंश अधिक है। कवि ने वस्तुओं को अपने समीप लाकर, उन पर विचार किया और अन्त में चिरन्तन के माध्यम से उसे अभिव्यक्ति दी। सम्भव है छायावाद

ने अपने निर्माण में बाँग्ला से प्रेरणा पाई हो, किन्तु क्रमशः उस पर पड़ने वाले प्रभाव दूर होते गये और उसका स्वतन्त्र व्यक्तित्व बना। अंग्रेजी प्रगीतों की चर्चा करते हुए एन्टविसिल ने उसे घनीभूत भावना का प्रकाशन बताया है।[15] इस दृष्टि से छायावाद के प्रगीत कवि-व्यक्तित्व का प्रकाशन करते हैं।

छायावादी काव्य ने जीवन के कुछ चिरन्तन मूल्यों को लेकर भाव-प्रकाशन किया। पन्त का प्रकृति प्रेम, निराला का सौन्दर्यानुराग, प्रसाद का आनन्दवाद तथा महादेवी की रहस्य कल्पना के मूल में जीवन की शाश्वत संवेदनाएँ हैं। छायावाद स्वच्छन्द मार्ग पर जाता हुआ भी कला पक्ष की ओर ध्यान देता है। कवियों ने भाव-शिल्प की दिशा में परिष्कार किया और उन्होंने किसी सीमा तक एक नयी परम्परा को जन्म दिया। महादेवीजी ने कहा है कि "छायावाद अपने सम्पूर्ण प्राणवेग से प्रकृति और जीवन के सूक्ष्म सौन्दर्य को असंख्य रूप रंगों में अपनी भावना द्वारा उपस्थित करता है।" छायावाद के प्रमुख कवि प्रसाद, निराला, पन्त और महादेवी ने यद्यपि विभिन्न रूपकों के माध्यम से कार्य किया, किन्तु उनकी मूल चेतना मानव से अनुप्राणित है। सर्वत्र एक समन्वय की भावना इन कवियों में प्राप्त होती है, जो उन्हें महान् कविता की परम्परा में ले जाती है; जिसका लक्ष्य जीवन का सर्वांगीण निरूपण रहता है। प्रसाद व्यक्तित्व का वैशिष्टय छायावाद के इन कवियों के समक्ष रखने पर स्पष्ट हो जाता है।

निराला

छायावाद के कवियों में 'निराला' का व्यक्तित्व अधिक विद्रोही और प्रखर है। वे उन्मुक्त कलाकार हैं, जो बन्धनों को स्वीकार नहीं करते, पर एक सजग कवि के दायित्व का निर्वाह करते हैं। छन्दों का बन्धन तोड़ते हुए उन्होंने उसे संगीत-लय के माध्यम से नव रूप प्रदान किया। मुक्त छन्दों में उनका शब्द-चयन और भावना-प्रवाह सुन्दर है; निर्झर की भाँति वे स्वच्छन्द गति से प्रवाहित होते हैं। इसी के साथ कवि सरस चित्रों की भी योजना करता है। उनके गीत केवल भावना के जोर पर नहीं चलते, वरन् उनमें रूप-रंग भी हैं। 'पंचवटी' में शूर्पणखा का रूप वर्णन है :

देख यह कपोत कंठ
बाहु बल्ली, कर सरोज
उन्नत उरोज, पीन
क्षीण कटि
नितम्ब भार

चरण सुकुमार
गति मन्द मन्द
छूट जाता धैर्य ऋषि-मुनियों का
देवों भोगियों की तो बात ही निराली है...

भावना का प्रवाह 'निराला' के काव्य का प्रमुख लक्षण है और यही उनके व्यक्तित्व को छायावाद युग के अन्य कवियों से भिन्नता प्रदान करता है। प्रसाद एक सजग कलाकार हैं; वे सतर्कता और सावधानी से काम लेते हैं। उनकी तूलिका केवल रेखाचित्रों से ही 'निराला' की भाँति कार्य नहीं करती, वरन् धीरे-धीरे सजग होकर कार्य करती है। प्रसाद का बुद्धि-पक्ष भावनाओं के उदात्तीकरण में सहायक अवश्य है, किन्तु प्रगीतों के स्वच्छन्द प्रवाह को मन्थर भी करता है। दार्शनिक निरूपण से उसकी गति मन्द पड़ जाती है। 'निराला' विविध प्रकार के गीतों का निर्माण कर सकते हैं। शब्द लय पर उनका अबाध अधिकार है, किन्तु प्रसाद चिन्तनशील कवि की भाँति आगे बढ़ते हैं।

निराला की कविता का क्षेत्र पर्याप्त व्यापक है। 'परिमल', 'गीतिका' के गीतों से लेकर 'तुलसीदास' आदि भावात्मक आख्यानों तक पर उन्होंने कार्य किया। इसके अतिरिक्त 'कुकुरमुत्ता' आदि व्यंग्य रचनाएँ हैं। अपनी प्रवृत्तियों से भी अधिक विशाल निराला का व्यक्तित्व प्रसाद की भाँति कई दिशाओं में कार्य करता है। अनेक शब्द-चित्रों का निर्माण करने में वे सफल हुए हैं। 'जूही की कली' के सौन्दर्य-चित्रण के साथ इलाहाबाद के फुटपाथ पर पत्थर तोड़ती हुई नारी का भी अंकन उन्होंने किया। उनकी सौन्दर्य-भावना निस्सन्देह अधिक विस्तृत है। प्रसाद नारी-पुरुष, यौवन-सौन्दर्य के कलाकार हैं और अपनी 'प्रेम कल्पना' के अन्तर्गत सभी का समाहार कर लेते हैं। उनके स्वर प्रायः एक रूप-रंग में ढल जाते हैं, किन्तु निराला अपनी रेखाओं का कई प्रकार से प्रयोग करते हैं। उनके प्रगीतों में वैयक्तिक अंश सबसे कम मिलता है और वे छायावादी कवियों में सर्वाधिक निर्वैयक्तिक कलाकार हैं। वे काव्य के माध्यम से अपने व्यक्तित्व का अधिक प्रकाशन नहीं करते, वरन् अपनी अनुभूति को स्वयं जगत् के बीच ले जाकर उसका उपयोग करते हैं। उनका व्यक्तिगत अंश भावना की अपेक्षा शैली में अधिक स्पष्ट है। एक संगीतज्ञ के रूप में उन्होंने लय के आधार पर छन्दों का निर्माण किया। इसी प्रकार भाषा में भी बहुल रूप प्राप्त होते हैं। निराला प्रसाद की बौद्धिकता, दार्शनिकता को अपनी स्वच्छन्दता, प्रवाहमयता से संतुलित कर लेते हैं। उनकी भावनाएँ आरम्भ से ही इतनी उदात्त रही हैं कि उन्हें भाषा और प्रतीक के आवरण में नहीं रखना पड़ता और न उन पर दर्शन को आरोपित करने की

ही आवश्यकता हुई। प्रसाद को शृंगार का परिष्कार तथा भावना का उदात्तीकरण करना पड़ा, किन्तु निराला शूर्पणखा को भी सौन्दर्य-सज्जा से भर देते हैं। उनकी 'जूही की कली' को पवन का नायक रजनी में झकझोर जाता है। स्वच्छन्दता के साथ स्वच्छता उनकी असाधारण विशेषता है। प्रसाद यदि चिन्तनशील कवि हैं तो निराला उन्मुक्त रचनाकार। एक में व्यक्तित्व प्रकाशन की प्रमुखता है तो दूसरे में निर्वैयक्तिकता की। प्रसाद प्रायः एकरस हैं, पर निराला के व्यक्तित्व की कई रचनाएँ हैं, गीत से लेकर व्यंग्य तक।

पन्त

पन्त अपने आरम्भिक रूप में प्रकृति प्रेमी और सौन्दर्यवादी हैं। 'ग्रन्थि' के असफल प्रेम में कवि की वैयक्तिक अनुभूति का प्रकाशन हुआ। 'पल्लव' में पन्त कल्पना के उस वातावरण में दिखाई देते हैं, जहाँ प्रकृति और मानव के सौन्दर्य का रहस्य उन्हें मिल जाता है। प्रकृति के साथ भावनामय तादात्म्य छायावाद के कवियों में सबसे अधिक पन्त की रचनाओं में प्राप्त होता है। चन्द्रमा, बादल आदि के चित्र प्रस्तुत करते हुए वे कल्पना के द्वारा उनके सूक्ष्मतम अवयवों को सम्मुख ले आते हैं। बादल के रूप में कल्पना की छटा द्रष्टव्य है:

फिर परियों के बच्चे-से हम सुभग सीप के पंख पसार
समुद पैरते शुचि ज्योत्स्ना में पकड़ इन्दु के कर सुकुमार।

वास्तव में आरम्भ के पन्त कोमल भावनाओं के कलाकार हैं। प्रकृति के मनोरम दृश्यों पर रीझता हुआ कवि उससे अनेक प्रेरणाएँ प्राप्त करता है। प्रकृति रचनाओं में दर्शन का यह योग जहाँ एक ओर स्वतन्त्र प्रकृति-वर्णन को किंचित् बोझिल कर देता है, वहीं कवि-जीवन के लिए एक मूल्यवान तथ्य भी पा जाता है। सौन्दर्यवादी पन्त 'गुंजन' में अपने विचारों की अभिव्यक्ति कर देते हैं। अब भी प्रकृति की सुषमा उनके सम्मुख है, पर मानव अधिक निकट आ जाता है; इसी कारण कवि दोनों को साथ लेकर चलता है। वह संसार के 'परिवर्तन' को चित्रित करने लगता है और समस्त जीवन में सत्य, शिव, सुन्दर का आमंत्रण करता है। 'नौकाविहार' करते हुए उसे जीवन की 'शाश्वत चेतना' का ज्ञान हो जाता है। जब वह आकांक्षा करता है कि "सुख-दुख के मधुर मिलन से जीवन परिपूर्ण हो जाये।" प्रकृतिप्रेमी पन्त का मानववादी रूप क्रमशः यथार्थ जीवन की ओर अग्रसर होता है।

'युगान्त' का कवि उस ठोस भूमि पर खड़ा दिखाई देता है, जहाँ से वह त्रस्त मानवता को देख सकता है। 'अस्थिशेष बापू' का व्यक्तित्व उसके सम्मुख है और

देश की विडम्बना को उसने जान लिया है। सौन्दर्य का यह व्यापक प्रसार मंगल की कामना करने लगता है। अब भी कवि 'शुक्र' और 'सन्ध्या' का अंकन करता है, किन्तु उसका मूल स्वर मानव की पीड़ा से अनुप्राणित है। पन्त देखते हैं :

ये नाप रहे निज घर का मग
कुछ श्रमजीवी धर डगमग डग
भारी है जीवन भारी पग।

भावना-परिवर्तन के कारण वे ताजमहल की कला को मृत्यु का अमर, अपार्थिव पूजन मानते हैं। इस प्रकार 'युगान्त' और 'युगवाणी' और 'ग्राम्या' का कवि वर्तमान स्थिति पर विचार करता है। यथार्थ के निरूपण में यद्यपि पन्त को अधिक सफलता नहीं प्राप्त हुई, किन्तु मानवता के प्रति उनकी कल्याण कामना में वृद्धि होती गयी। शैली के क्षेत्र में अब भी उनकी रचनाओं में लाक्षणिकता और मूर्तिमत्ता का गुण पाया जाता है, यद्यपि विषय के अनुकूल शब्द चयन में किंचित् परिवर्तन हो गया है। वर्तमान से प्रीति और भविष्य के प्रति आस्था रखते हुए कवि आगे बढ़ता है।

'युगान्त' 'युगवाणी' और ग्राम्या का कवि सौन्दर्य के कल्पना क्षेत्र से किंचित् दूर चला जाता है। अपने जीवन दर्शन को वह काव्य से एकाकार नहीं कर पाता, जिसमें प्रसाद को अधिक सफलता प्राप्त हुई। अपने मत का प्रतिपादन करने के लिए कहीं-कहीं पन्त को अपने विचार स्पष्ट रीति से रख देने पड़ते हैं और उनमें कवि का हृदय पक्ष कम प्राप्त होता है। पन्त की इस परिवर्तित दिशा ने अपने आगामी चरण में और भी नवीन रूप ग्रहण किया। स्वयं उन्हीं की धारण कुछ बदलती-सी दिखाई देती है। पल्लव का कवि 'कविता को प्राणों का संगीत' मानता है, किन्तु 'आधुनिक कवि' की भूमिका में वह सत्य को शिव में निहित कर देता है। 'स्वर्णधूलि', 'स्वर्णग्राम' और 'उत्तरा' का कवि गाँधी, अरविन्द, मार्क्स आदि दर्शनों का प्रतिपादन करने में लग गया। उसे सम्भवतः कवि के सामाजिक दायित्व का अधिक ध्यान था।

पन्त की काव्यधारा ने कई मोड़ लिए, किन्तु उनका आरम्भिक स्वरूप आज भी अधिक उत्कृष्ट कहा जाता है। सुन्दर चित्रण, भाषा की मूर्तिमत्त सजीव कल्पना, सरस अंकन 'गुंजन' और 'पल्लव' के कवि में प्राप्त होते हैं। प्रकृति-सौन्दर्य के प्रति तादात्म्य की भावना में निस्सन्देह पन्त प्रसाद से आगे हैं। जीवन-दर्शन के प्रतिपादन में प्रसाद का कवि रूप सदा बना रहा। एक तटस्थ कलाकार की भाँति उन्होंने विचारधारा को काव्य की आत्मा में मिला दिया; जिस प्रयास में पन्त को कम सफलता प्राप्त हुई है। पन्त का संवेदनशील व्यक्तित्व नयी दिशाएँ

ग्रहण करता रहा, किन्तु प्रसाद ने अपने व्यक्तित्व को निरन्तर विकसित किया। पन्त के विचार का कृतिरोपण अधिक है, पर प्रसाद में वह विलयित हो आया है, भाव सम्प्रति बनकर।

महादेवी

महादेवी का पक्ष छायावादी कवियों में सबसे अधिक वैयक्तिक और एकान्तिक है। अपनी ही 'प्रत्येक श्वास का इतिहास' लिखने की उनकी व्याकुलता काव्य में प्रतिफलित हुई। वैयक्तिक अंश के उदात्तीकरण के लिए उन्होंने प्रतीक-योजना और रहस्यभावना का अवलम्ब ग्रहण किया। प्रसाद ने यही कार्य दार्शनिक प्रतिपादन और व्यक्तित्व प्रसार के द्वारा किया। महादेवी की मूल भावना आध्यात्मिक विरह है। इसके सहारे वह साधना-पथ पर बढ़ती हुई दिखाई देती हैं और तब तक चलते रहने का विचार करती हैं, जब तक लक्ष्य की प्राप्ति नहीं हो जाती। आत्मा-परमात्मा के क्रिया-व्यापारों की अभिव्यक्ति के लिए उन्होंने प्रकृति के प्रतीकों को अपनाया, जो भाव को स्वयं व्यंजित कर देते हैं। पन्त के आरम्भिक प्रतीकों में कोमलता और सरसता है। प्रसाद के प्रतीक संस्कृत काव्य शैली पर निर्मित हैं और उनमें उदात्त भावना की ध्वनि है। महादेवी के दीप, रजनी, शतदल, भ्रमर, मन्दिर आदि प्रतीक साधना के परिचायक हैं। भावना के क्षेत्र में महादेवी छायावादी कवियों में एक सीमित वातावरण में कार्य करती हैं। सम्पूर्ण काव्य में वेदना का धूमिल और निराश वातावरण दिखाई देता है। करुणा की अभिव्यंजना में महादेवी को इसी कारण सफलता प्राप्त हुई। 'यामा' के 'नीहार', 'रश्मि', 'नीरजा' और 'सांध्यगीत' के चार प्रहरों में कवियित्री ने साधना के विभिन्न चरण अंकित किये हैं। जिज्ञासा और अतृप्ति के साथ अमर विश्वास, अपार करुणा कवयित्री के रहस्यवाद का मूलभाव बनते हैं।

महादेवी का रहस्यवाद प्रतीकों के आधार पर निर्मित है और वे चित्र तथा भावना, दोनों को वहन करते हैं। वैयक्तिक भावना तथा अपनी आन्तरिक अनुभूति के क्षेत्र में महादेवी और प्रसाद के स्वर दो भिन्न दिशाओं में प्रतीत होते हैं। महादेवी ने व्यक्तिगत पक्ष को आत्मा-परमात्मा के प्रतीकों में बाँधकर उसे रहस्यवादी की साधना भूमि पर पहुँचा दिया। प्रसाद को अपने वैयक्तिक अंश का प्रसार करना पड़ा और उन्होंने उसका उदात्तीकरण किया। अनुभूति के क्षेत्र में इन दोनों का वैयक्तिक अंश प्रबल है। उसके सहारे यदि एक रहस्य की उच्च भावभूमि पर पहुँचने में प्रयत्नशील है तो दूसरा उदात्तीकरण कर आनन्दवाद की प्रतिष्ठा में सफल हुआ। विचारधारा के पृथक् हो जाने से उनकी शैलियाँ भी किंचित्

भिन्न हो गयीं। समय-समय पर उठने वाली भावनाओं की अभिव्यक्ति के लिए कवयित्री ने केवल प्रगीतों का माध्यम अपनाया। इस प्रयास में उन्होंने प्रसाद की भाँति एक कुशल शिल्पी के रूप में कार्य किया। उन्हें सावधानी से चित्रों में रंग भरने पड़ते हैं। इसी कारण मीरा की-सी तन्मयता अथवा विरह का ताप उनमें नहीं आने पाता। कई बार अलंकृत प्रतीक और प्रांजल भाषा प्रगीतों को बोझिल भी कर देते हैं। प्रसाद के प्रगीतों में देवीजी का-सा प्रतीक-विधान और अलंकरण नहीं प्राप्त होता। साध्य-साधक का अंकन करती हुई वे 'दीपशिखा' में कहती हैं :

सब आँखों में आँसू उजले, सबके सपनों में सत्य पला
जिसने उसको ज्वाला सौंपी, उसने इसमें मकरन्द भरा
अनुराग लुटाता वह घुल-घुल देता झर यह सौरभ बिखरा
दोनों संगी, पथ एक किन्तु, कब दीप खिला, कब फूल जला।

महादेवी का पथ साधनामय होने के कारण अन्य छायावादी कवियों से भिन्न है। प्रसाद की भाँति उपनिषदों की अद्वैत कल्पना और बौद्ध दर्शन की करुणा को लेते हुए भी वे एकान्त साधना में लीन हैं।

आधुनिक काव्य में प्रसाद महाकाव्य के निर्माता भी हैं। उनका व्यक्तित्व क्रमशः विकसित होता हुआ आगे बढ़ता रहा। 'आँसू' का वैयक्तिक प्रेम वेदना-दर्शन की सूचना देता है, अन्त में वह कामायनी के आनन्द में प्रकट हुआ। भावना के व्यापक प्रसार में प्रसाद काव्य अपने युग की चेतना से भी अनुप्राणित है। 'निराला' की प्रतिभा गीतों तथा भावात्मक आख्यानों में स्वतन्त्र नियोजना करती है। पन्त का नवीनतम जीवन-दर्शन मानवतावादी होकर काव्य में कई रूपों में सम्मुख आया है। वास्तव में कवि का कार्य संकेत कर देना है; वह अधिक समय तक किसी मत का प्रतिपादन नहीं कर सकता। भावना और छन्द के छोटे-से वातावरण में उसे कलात्मक सृष्टि प्रस्तुत करनी पड़ती है। कहीं-कहीं पन्त विचार के मोह में ऐसा न कर सके। महादेवी के रहस्यवाद का क्षेत्र ही दूसरा है। प्रसाद ने अपने जीवन-दर्शन का प्रतिपादन करने के लिए 'कामायनी' की नियोजना की, पर दर्शन काव्य की आत्मा बनकर आया है। अपने बहुमुखी व्यक्तित्व से उन्होंने आधुनिक काव्य को शक्ति प्रदान की और 'कामायनी' छायावाद युग का प्रतिनिधि काव्य है।

भारतीय काव्य की विस्तृत परम्परा पर विचार करने से प्रसाद को सौन्दर्यवादी कवियों की श्रेणी में स्थान देना पड़ता है। समाज और जीवन के बदलते हुए आदर्शों के अनुरूप उनमें परिवर्तन हुआ है, किन्तु प्रसाद-काव्य का मूल स्वर सौन्दर्यवादी तथा आनन्दपूर्ण है। वाल्मीकि का स्वतन्त्र प्रकृति-वर्णन तथा आदर्श

निरूपण आज के युग में सम्भव नहीं। कालिदास की-सी विशद रूप-योजना तथा शृंगार-कल्पना के लिए आधुनिक कलाकार समय नहीं दे पाता। संघर्षशील मानव संक्रान्ति काल से गुजर रहा है और प्रसाद का काव्य उस युग के समीप है। उनके प्रतिनिधि पात्र मनु को आन्तरिक पिपासा तथा वातावरण से संघर्ष करते हुए देखा जा सकता है। प्रसाद युग की चेतना को काव्य के माध्यम से सांकेतिक अभिव्यक्ति देना चाहते हैं और उन्होंने इसी का प्रयत्न किया। उनकी शैली कालिदास की भाँति एक शिष्ट समाज की है, जो जीवन से प्रेरणा लेती हुई भी उसके स्वरों में स्वर नहीं मिला पाती। तुलसी और प्रसाद में भी यही अन्तर है। प्रसाद का दृष्टिकोण अधिक सांस्कृतिक है, और इसमें सन्देह नहीं कि उनका कृतित्व उन्हें भारतीय काव्य-परम्परा के श्रेष्ठ कवियों में स्थान देता है।

सन्दर्भ

1. कृष्णामाचारियर : ए हिस्ट्री ऑफ़ क्लासिकल संस्कृत लिटरेचर, पृ. 59
2. राधाकृष्णन : इंडियन फ़िलासफ़ी, भाग 1, पृ. 479
3. टी. एस. इलियट : ह्वाट इज़ ए क्लासिक, पृ. 10
4. बलदेव उपाध्याय : संस्कृत साहित्य का इतिहास, पृ. 115
5. एस.के. डे : अर्ली हिस्ट्री ऑफ़ वैष्णव फ़ेथ एंड मूवमेन्ट इन बंगाल, पृ. 7
6. काव्य और कला..., पृ. 83
7. विश्वनाथप्रसाद मिश्र (सं.) : घनानन्द कवि, भूमिका
8. रामचन्द्र शुक्ल : बंगाली लिटरेचर, पृ. 504
9. काव्य और कला..., पृ. 85
10. आनन्दशंकर : बंगाली लिटरेचर, पृ. 14
11. हजारीप्रसाद द्विवेदी : विशाल भारत, रवीन्द्र अंक, जनवरी 1942
12. एडवर्ड थॉम्पसन : रवीन्द्रनाथ टैगोर, पृ. 27
13. रवीन्द्रनाथ टैगोर : पर्सनैलिटी, पृ. 31
14. नन्ददुलारे वाजपेयी : आधुनिक साहित्य, भूमिका, पृ. 18
15. एन्टविसिल : द स्टडी ऑफ़ पोयट्री, पृ. 44

पाश्चात्य काव्य और प्रसाद

मानव ने अपनी आन्तरिक भावनाओं का सर्वप्रथम प्रकाशन संगीतात्मक कविता के द्वारा किया। विशेष अवसरों पर उल्लसित होकर नृत्य करना इसका प्रमाण है। युद्ध काल में प्रयाणगीत गाये जाते थे और विजयोन्माद में इसका आश्रय लिया जाता था। इस प्रकार कविता के चिह्न आदिमानव की सभ्यता में मिलते हैं। 'कविता लेखन-कला से अधिक प्राचीन है। यह अब निश्चित हो चुका है कि यूरोपीय जातियों के लोकगीत, जिन्हें आज भी ग्रामीण कृषक बरबस ही गुनगुना उठते हैं, एक शाश्वत परम्परा है।'[1] धीरे-धीरे मनुष्य के जीवन में सभ्यता का प्रवेश हुआ। उसने सूर्य, अग्नि वरुण आदि के अतिरिक्त अन्य देवताओं का पूजन आरम्भ किया। नगरों में बस कर उसने अन्य कलाओं का ज्ञान प्राप्त कर लिया। उसका वह आदिम वन्य-जीवन पीछे छूट रहा था। इस समय जिन धार्मिक ग्रन्थों की रचना हुई, उनका माध्यम प्रायः काव्य था। वैदिक ऋचाओं में विश्वकाव्य का चिन्तन लिखित रूप में प्राप्त हुआ। एक साथ धर्म, जीवन और भावना का समन्वय काव्य में प्रस्तुत किया गया। उसे अधिक गीतात्मकता प्रदान करने के आश्रय से सामवेद की भी रचना की गयी, जिसमें गेय ऋचाएँ हैं। स्तुति और प्रार्थना भाव की मानव-अनुभूतियाँ सभी सभ्य देशों में संगृहीत की गयीं। लगभग चार हजार ईसवी पूर्व लिखी गयी 'दि बुक ऑफ डेड' में मिस्र देश के निवासियों ने अपनी भक्ति का प्रकाशन प्रार्थनाओं द्वारा किया। भारत, यूनान, रोम, चीन आदि में धर्म भावना का प्रचार सर्वप्रथम आरम्भ हुआ। वेदों के पश्चात् यूनानियों ने काव्य को पहचाना था।[2] यूनान में होमर ने 'आडिसी' और 'इलियड' के द्वारा धर्म से पृथक् काव्य की परम्परा को जन्म दिया। सौन्दर्य के उपासक इस कवि ने चार सौ पचास ई.पू. 'इलियड' में कहा कि संसार में सर्वोपरि दो वस्तुएँ हैं—युद्ध और प्रेम। रोम में सत्तर ई. पू. इलियड की रचना हुई। इसमें आध्यात्मिक भावना पर प्रकाश डाला गया। वर्जिल को ही अपना आचार्य मानकर दान्ते ने 'डिवाइन कॉमेडी' की रचना की। उसमें युद्ध और पराक्रम पीछे

छूट चुके थे। पृथ्वी, नरक और स्वर्ग के अध्यायों में उसने कर्म के आधार पर पाप-पुण्य की विवेचना की। दान्ते की गणना संसार के उन प्रमुख कवियों में की जाती है, जो सुन्दर प्रेम-कहानियों के जन्मदाता हैं। सौन्दर्य तथा वीरता का गायन होमर, धर्म का गायन वर्जिल और प्रेम का गायन दान्ते ने आरम्भ किया। इन काव्यों में मानवीयता के स्थान पर देवी भावनाओं का अधिक प्रतिपादन है। इसके पश्चात् अनेक रूपों में प्रस्तुत होने वाली बाइबिल में भी कहीं-कहीं कविता के दर्शन होते हैं। इस प्रकार मानव सभ्यता के आरम्भिक काल में कविता का विकास हो चुका था। वेदों के अतिरिक्त होमर, वर्जिल, दान्ते आदि कवियों की रचनाएँ प्राप्त होती हैं। धार्मिक होते हुए भी इनमें मानव जीवन की व्याख्या है।

रचना और जीवन की घनिष्ठता के कारण धार्मिक भावना के प्रतिपादन में भी काव्य का अवलम्ब ग्रहण किया गया। यही कारण है कि कवि को एक महत्त्वपूर्ण स्थान मिला और उन्हें ऋषि, कृति, विधायक, देवदूत आदि कह कर पुकारा गया। इन कवियों के नाम पर साहित्यिक युगों का निर्माण किया गया। होमर के नाम पर उस समय एक परम्परा ही चल पड़ी थी और आने वाली रचना को उसने प्रभावित किया। आज भी 'हेलेन' का सौन्दर्य साहित्य में अपना स्थान रखता है। उसके देवताओं में भी मानवीय भावनाओं का प्रतिपादन है। वर्जिल ने इटली के जीवन में एक नवीन चेतना का संचार किया था, जो दान्ते तक में विकसित होती रही। दान्ते स्वयं अपने गुरु की सहायता से समस्त जीवन को देखता है। प्राचीन काव्य परम्परा के अतिरिक्त मिल्टन, गेटे, शेक्सपियर पश्चिम में अपना युग स्थापित कर चुके हैं।

पुनरुत्थान काल में शेक्सपियर ने अपने युग का संचालन किया था। जीवन के विस्तृत आधार पर अन्तर बाह्य का जो सुन्दर अंकन उसने किया, उससे आने वाले युग ने एक नवीन प्रेरणा प्राप्त की। उसके पात्र हमारे निकट प्रतीत होते हैं और हमारी संवेदनाएँ उनके साथ चलती हैं। शेक्सपियर का हेमलेट अपनी आन्तरिक भावनाओं से आजीवन युद्ध करता है। उसके मानसिक द्वन्द्व का निरूपण कर कवि ने मानव-मनोदशा का सफल अंकन किया। शेक्सपियर की मानवता उसके साहित्य में बिम्बित है। मिल्टन ने एक बार फिर से प्राचीनता के पुनरुत्थान का प्रयत्न किया। वह आदर्शवाद की उच्च भूमि पर काव्य को ले जाना चाहता है। उसने यद्यपि धार्मिक प्रवचन नहीं दिये, किन्तु ईश्वरीय सत्ता को स्वीकार किया। 'पैराडाइज लास्ट' और 'पैराडाइज रिगेन्ड' के द्वारा उसने मानव और ईश्वर का सन्तुलन प्रस्तुत किया। उसे 'क्लासिकल' कवियों की श्रेणी में रखा जाता है। कीट्स, बायरन, शेली आदि स्वच्छन्दता वादी कवियों के नाम से यद्यपि

किसी युग की स्थापना नहीं हुई, किन्तु उन्होंने साहित्य की रूमानी परम्परा को पुष्ट किया। होमर, शेक्सपियर के पश्चात् एक बार पुनः जर्मनी के कवि गेटे ने मानव-जीवन की विस्तृत भूमि पर अपने काव्य का सृजन किया। उसके 'वर्थर' की आन्तरिक अनुभूति के प्रकाशन ने जनता को बहुत प्रभावित किया। गेटे के फ़ाउस्ट का नायक उठता-गिरता सच्चा मानव है। 'फाउस्ट' के आरम्भ में कवि कहता हैः "मुझे नीरव, स्वर्गिक प्रदेश में ले चलो। जहाँ केवल कवि की निश्छल पवित्र ज्योति प्रकाशित रहती है। जहाँ प्रेम और मैत्री पल्लवित और पुष्पित होते हैं। जहाँ अपने अतीन्द्रिय करों से हमारे अन्तस्तल में कोई आनन्द भर दे।"

भारतीय काव्य-परम्परा वैदिक युग से लेकर वाल्मीकि, व्यास, कालिदास तक अपने प्राचीन रूप में सुरक्षित है। भारतीय ऋषि परम्परा का प्रतीक वाल्मीकि हैं। समस्त वर्णन आदर्शवादिता और एक उच्च भावना से अनुप्राणित है। व्यास में जीवन का संघर्ष स्पष्ट झलकने लगा। जीवन की समस्याएँ भौतिकता की ओर बढ़ने लगी थीं। व्यास का महाभारत जीवन के व्यावहारिक धरातल पर निर्मित है। रामायण का युद्ध देव-दानव का है, महाभारत का भाई-भाई का। कालिदास प्रेम सौन्दर्य के कवि हैं। उनकी प्रकृति अपने सौन्दर्य तथा प्रेम का साथ देती है। इसी विभेद के कारण कालिदास के राम-सीता वाल्मीकि से पृथक् हैं। प्रेम-सौन्दर्य की शाश्वत भावना के कारण कालिदास विश्व में सर्वाधिक प्रसार पा सके। इस प्रकार संस्कृत के प्रमुख कवि अपना एक अस्तित्व रखते हैं। उनकी परम्परा है, उनके आदर्श हैं। हिन्दी में कबीर, जायसी, सूर, तुलसी अपनी परम्परा के सर्वोत्तम कवि हैं। हिन्दी में कबीर, जायसी, सूर, तुलसी अपनी परम्परा के सर्वोत्तम कवि हैं। किन्तु आगे चलकर भारतेन्दु ने पुनः अपना युग स्थापित कर एक बार कवि के क्रान्तिकारी रूप का परिचय दिया। इस प्रकार कवि और काव्य का महत्त्व प्रत्येक देश-काल में रहा है और ये एक परम्परा, युग और सभ्यता के प्रतीक हैं। वर्जिल और दान्ते ने धार्मिक भावना का प्रसार किया। होमर ने सौन्दर्य और युद्ध की समस्या पर प्रकाश डाला। मानवता और देवत्व का संगम उस युग की विशेषता है। गेटे ने प्रचलित रुढ़ियों के विरुद्ध क्रान्ति की थी। तुलसी ने राम के मर्यादा पुरुषोत्तम स्वरूप को स्थापित किया। इस प्रकार काव्य ने समाज के साथ बढ़ने का प्रयत्न किया है।

विश्व-काव्य : समान रेखाएँ

विश्व-काव्य की दीर्घ परम्परा में कवियों के अनेक रूप सम्मुख आते हैं। भाव-प्रकाशन के विभिन्न माध्यमों के अतिरिक्त देश-काल के अनुसार उनकी शैली

भी पृथक् है। पश्चिम में होमर की वीर भावना सौन्दर्य को साथ लेकर चलती है। सभ्यता-संस्कृति के संघर्ष में हेलेन का सौन्दर्य भी महत्त्वपूर्ण है। भारत के संस्कृत कवि अस्त्र-शस्त्र के युद्ध की अपेक्षा उसे देव-दानव संघर्ष का स्वरूप देते हैं; जिसकी ध्वनि नैतिक है। आधुनिक युग में यह जीवन-संघर्ष का रूप धारण कर लेता है। मनुष्य का जीवन स्वयं एक सतत् संघर्ष है और उसका अंकन कवि अपनी रचनाओं में करता है। युद्ध और धर्म का स्थान मानव ने ग्रहण किया और आधुनिक युग मानवीय भावनाओं को स्वीकार करता है। कालिदास के रूप-वर्णन और सौन्दर्यांकन की सार्वभौमिकता उसे विशिष्टता प्रदान करती है। जीवन की जटिल समस्याओं के मध्य न मरनेवाली मानव की सौन्दर्य भावना शकुन्तला के रूप-गुण से आनन्दित होती है। कवि की सौन्दर्य चेतना अपने व्यापक प्रसार में सफल हुई। पात्र और घटना देश-काल के अनुरूप निर्मित होते हैं। हेलेन का सौन्दर्य एक युद्ध का सूत्रपात करता है, किन्तु शकुन्तला की रूपराशि प्रेम-भावना का आलम्बन बनती है।

परिवर्तित परिस्थितियों के बीच प्रवाहित मानव-सत्य समस्त साहित्य को एक भूमि पर ले आता है। अंग्रेजी कवियों की स्वच्छन्दतावादी प्रवृतियाँ हिन्दी छायावाद के समीप प्रस्तुत की जाती है। भावोत्तेजना, गीतात्मकता, व्यक्तिवाद, रहस्यमयता, सौन्दर्योपासना आदि की समानता होते हुए भी छायावाद अपनी राष्ट्रीय चेतना को अधिक स्वीकार करता है। देश की भावना ने उसे पर्याप्त प्रभावित किया। परिवर्तित परिस्थितियों के कारण निराला पन्त की काव्यधाराएँ मोड़ लेती गयीं। सांस्कृतिक आवश्यकता में उदित होने वाला छायावाद अपनी क्रान्ति में भी अधिक मर्यादित रहा। स्वयं प्रसाद की सौन्दर्य-भावना छाया संकेतों को लेकर आरम्भ हुई। एक साधारण-सा आवरण सर्वत्र पड़ा रहता है। उत्तेजना, ऐन्द्रियता अपने उन्मुक्त प्रवाहों में नहीं बह पातीं। अप्रस्तुत विधान और छाया-संकेतों द्वारा उसकी अभिव्यंजना होती है। 'आँसू' इसका अच्छा उदाहरण है कि किस प्रकार शृंगार का परिष्कार किया जा सकता है। देश-काल के अनुसार वस्तु और शैली में भी परिवर्तन हो जाता है। यूनानी, ईरानी, फ़ारसी और भारतीय काव्य में प्रकृति के उपादानों में भिन्नता प्राप्त होगी। बुलबुल, नाइटिन्गेल, कोकिला का स्वर कवियों को प्रेरणा देता रहा है, किन्तु उनमें देश की सीमाओं का प्रभाव है। प्रकृति को कवि भूमिका अथवा पृष्ठभूमि के रूप में भी अंकित करते हैं। 'कुमारसम्भव' हिमालय की पीठिका पर प्रतिष्ठित है। किन्तु अन्य कवि अपने देश की विभूति ग्रहण करते हैं। नरगिस और खंजन दोनों ही नेत्रों के सौन्दर्य के बोधक हैं। इस प्रकार कवि अपने देश-काल का प्रतिनिधित्व करते हैं।

देश-काल का बन्धन होते हुए भी विश्वकाव्य की प्रमुख प्रवृत्तियाँ एक युग विशेष में पर्याप्त समान रहती हैं। मानव से प्रेरणा ग्रहण करने वाला रचनाकार जीवन-सत्य का निरूपण करता है। कवि-सत्य जीवन-सत्य भी होता है। कवि जितनी दृढ़ता से मानव-जीवन के इस सत्य को अपनाता है, उसमें उतनी ही अधिक विश्वसनीयता आती है। सत्य के द्वारा वह यथार्थ-आदर्श का समन्वय कर लेता है। 'कवि का कर्तव्य, सत्य का उद्‌घाटन, प्रतिपादन दोनों ही है। महाकवि का सत्य इतिहास की अपेक्षा अधिक महान् होता है।'[3] वह युग और देश की सीमाओं से आगे बढ़ जाता है। काव्य का सत्य, स्थिति का विश्लेषण करते हुए एक नवीन दिशा की ओर संकेत करता है। कवि यथार्थ निरूपण तथा आदर्श के संकेत का कार्य मानव-सत्य का ग्रहण करने से ही कर पाता है। उसकी भूमि सुदृढ़ होनी चाहिए, जहाँ वह सत्य का निरूपण कर सके। वियोग की स्थिति में सच्चे प्रेमियों की स्थिति एक-सी होती है। रोमियो और दुष्यन्त के प्रेम के ताप में अधिक अन्तर नहीं रह जाता। प्रेम को अन्धा तथा हृदय से देखने वाला कहकर शेक्सपियर केवल एक सत्य का निरूपण करना चाहता है। कवि जीवन के जिस कठोर सत्य का निर्देश करता है, वह काव्य का प्राण होता है। कभी सूक्तियों के द्वारा कभी केवल संकेत, ध्वनि मात्र से महान् कलाकार इस कार्य को करते हैं। उनका सत्य एक साधारण उपदेशक अथवा प्रवचनकर्ता से भिन्न होता है। उनके चरित्र, स्वर सभी में एक प्रकार की ध्वनि निकला करती है। विश्व के महान् कवियों के काव्य का सत्य महत्त्वपूर्ण होता है। प्रेरणा तथा अनुभूति का सत्य कवि को दृढ़ धरातल प्रदान करता है। अनुभूति की सच्चाई काव्य को शक्ति देती है। इसके द्वारा काव्य प्राणवान और सजीव हो उठता है। गेटे ने अपनी अनुभूति को साहित्य में प्रतिपादित किया। इसी कारण राजाज्ञा होने पर भी वह युद्धगीत न लिख सका। उसने कहा कि "बिना घृणा किये मैं घृणा के गीत कैसे रच सकता हूँ।" प्रेरणा और अनुभूति के अतिरिक्त कवि अपने पात्रों और परिस्थितियों की योजना में भी सत्य का अवलम्बन ग्रहण करता है। पात्रों की सजीवता संवेदना का उदय करती है। उनके साथ मानवीय भावों का तादात्म्य हो जाता है। अपने अनुभवों को प्रकाश में लाकर कवि संवेदना जागृत करता है। एमर्सन के अनुसार अपनी आन्तरिक अनुभूति का प्रकाशन करने वाला व्यक्ति समग्र देश काल के लिए लिखता है। अनुभूति का सत्य ही 'आँसू' की आत्मा है। प्रेम और उसका सम्पूर्ण ताप यहाँ देखे जा सकते हैं। कवि जीवन से प्रेरणा लेकर अनुभूति का प्रकाशन करता है :

मानव जीवन वेदी पर
परिणय हो विरह मिलन का
दुख-सुख दोनों नाचेंगे
है खेल आँख का मन का।

जीवन-सत्य के आग्रह के साथ कवि में व्यापकता होना भी आवश्यक है। केवल व्यक्तिगत अनुभूतियों और भावों का प्रकाशन कवि को महानता नहीं प्रदान कर सकता। मनोवैज्ञानिक रीति से कवि को उसका उदात्तीकरण और परिष्कार करना पड़ता है। जो कवि अपनी अनुभूतियों को उदात्त बनाने में जितना ही अधिक सफल होता है, उसकी रचना उतनी ही विशिष्ट होती है। सत्य को सार्वभौमिक स्वरूप प्रदान करने में महान कवि सफल होते हैं। यही कारण हैं कि उनका स्वर देशकाल की सीमाओं में नहीं बाँधा जा सकता। देश, जाति, काल से प्रेरणा लेकर भी वे सत्य के व्यापक निरूपण में प्रयत्नशील होते हैं। वे सत्य को सम्पूर्ण इकाई के रूप में ग्रहण करते हैं। किसी बँधे-बँधाए सिद्धान्त को स्वीकार कर चलना, इसी कारण उनके लिए सम्भव नहीं होता। संसार को खुली दृष्टि से देखने वाला कवि अपनी मौलिक उद्‌भावनाएँ करता है। प्रसाद का कथन है कि कवि 'सत्य के विराट रूप' का ग्रहण करता है।[4] जीवन की असाधारण अवस्थाओं को भी सामान्यता प्रदान करना कुशल कलाकार का गुण है। सार्वभौमिकता का आग्रह करने वाले पाश्चात्य साहित्यिकों ने मानव भावों पर जोर दिया। प्रगतिवादी मूलतः सार्वजनीन साहित्य का ही आग्रह करते हैं।[5] इस प्रकार किसी-न-किसी रूप में काव्य में सार्वभौमिकता का समावेश अनिवार्य है। इसके अभाव में वह समय के प्रवाह में खो जाता है। असंख्य कवियों का महत्त्व केवल ऐतिहासिक रह जाता है, किन्तु होमर और कालिदास युग-युगान्तर तक चलते हैं। महान कवि अपने व्यापक सत्य के द्वारा सर्वत्र वन्दित होते हैं। जीवन सत्य एवम् यथार्थ का व्यापक धरातल महान् काव्य के अनिवार्य विषय हैं।

मनुष्य की जिजीविषा का सर्वतोमुखी चित्रण महाकवि करता है; वह केवल किसी एक पक्ष को ग्रहण नहीं करता। प्रसाद का काव्य व्यक्ति से समष्टि तक जाने का एक सफल प्रयास है। 'झरना' की निराशाएँ 'आँसू' के वेदना-दर्शन तक आकर अन्त में 'कामायनी' के विश्वजनीन आनन्द में परिणत होती है। कवि अन्त में सार्वभौमिकता को प्राप्त करता है और यह उसकी बड़ी सफलता है। विरह को लेकर चलने वाला 'आँसू' अन्त में वेदना को दर्शन रूप में अंकित कर समग्र संसार को अपनी परिधि में बाँध लेता है। 'कामायनी' की योजना सार्वभौमिक आधार पर की गयी और सम्पूर्ण मानवता को काव्य का विषय बनाया गया।

महाकवि गेटे में भी इसी प्रकार का विकास दिखाई देता है। व्यक्तिगत अनुभूतियों को लेकर 'वर्थर' का लेखक 'फ़ाउस्ट' के व्यापक जीवन-दर्शन तक जाता है। 'आँसू' और 'वर्थर' के द्वितीय संस्करण में नवीन दर्शन की नियोजना हुई है।

कवि अपने समय से दूर नहीं रह सकता। एक ओर जहाँ उसकी संवेदना विश्वजनीन धरातल पर होती है, वहीं वह अपने युग का चित्र भी प्रस्तुत करता है। मार्क्सवादी आलोचक कॉडवेल काव्य को भाषा के माध्यम से व्यक्त होने वाली वस्तु स्वीकार करते हैं। भाषा समाज की वस्तु होने के कारण काव्य भी सामाजिक परिस्थितियों से अनुप्राणित रहता है।[6] महाकवि की रचनाओं में युग प्रतिबिम्बित रहता है। होमर यूनान, वर्जिल रोम, वाल्मीकि भारत की प्राचीन सभ्यता का दर्शन कराते हैं। युग और समाज उनकी कृतियों में चित्रित है। वीर युग की युद्ध समस्या तथा जागृत सौन्दर्य भावना 'इलियट' की प्रेरणा बन कर आयी है। दान्ते की वियेट्रिस-कल्पना से स्पष्ट है कि धर्म के साथ नारी और प्रेम का समावेश होने लगा था। केवल यही नहीं, अंग्रेजी स्वच्छन्दतावादी कवियों की विद्रोही भावना में मध्यवर्ग का व्यक्तिवाद निहित है। गेटे ने जर्मनी के विद्रोही कलाकारों का प्रतिनिधित्व किया था। 'कामायनी' का चिन्तन पक्ष अपने भीतर कुछ समस्याओं का समाधान लिए हुए है और युग की स्थितियों का सांस्कृतिक अंकन उसमें हुआ है। स्वयं से संघर्ष करता हुआ मनु किसी सीमा तक आधुनिक मानव का प्रतिनिधित्व करता है। व्यापक दृष्टि रखने वाले प्रसाद ने वर्ग संघर्ष को नहीं लिया। उन्होंने मन-मस्तिष्क के संघर्ष को चिरन्तन बताया। 'संघर्ष' और 'इड़ा' सर्ग आधुनिक सभ्यता का चित्र प्रस्तुत करते हैं। काम के शाप में वर्तमान मानवता की विषमता आभासित होती है। संसार द्वयता में लिप्त होकर व्यर्थ ही वर्ण तथा अनेक समस्याओं का सृजन कर रहा है। कोलाहल, कलह की वृद्धि है। आज का विश्व किसी प्रकार गिरता-पड़ता चला जा रहा है। 'स्वजनों का विरोध' वर्ग-संघर्ष का आभास देता है। शस्य श्यामला पृथ्वी दारिद्रमयी, दलिता होकर बिलख रही है। कवि ने काम की भविष्यवाणी द्वारा आधुनिक विषमता का चित्रण किया है। प्रसाद ने भारतीय चिन्तन को अपना विषय बनाया। एक सांस्कृतिक पुनरुत्थान की आवश्यकता का उन्होंने अनुभव किया। श्रद्धा मनु के माध्यम से समस्त त्रस्त और निराश मानवता को जीवन, जागृति, आशा, कर्म शक्ति का सन्देश देती है। वह अहिंसा का भी उपदेश देती है। एक महान् कलाकार की भाँति प्रसाद ने अपने देश-काल की आवश्यकता को पहचाना। उन्होंने उससे प्रेरणा ली और बिखरी हुई चेतना को एक सूत्र में बाँधने का प्रयास किया।

कवि और काव्य की अनेक परिभाषाएँ उसके दायित्व अथवा कर्तव्य को

निरूपित करती हैं। युग का चित्रण करते हुए वह भावी का एक आदर्श स्वरूप भी निर्धारित करती है। आने वाले युगों में कवि की सूक्तियाँ बन जाती हैं। काव्य केवल आनन्द ही नहीं देता, वरन् उसके चिन्तन में प्रश्नों के उत्तर भी मिल जाते हैं। 'जीवन संगीत' में लॉन्गफेलो का कथन है—"भविष्य कितना भी सुन्दर हो, उस पर विश्वास न करो। विगत अतीत को सदा के लिए सो जाने दो। जीवित वर्तमान में कार्य करते रहो।" उच्चकोटि के कवि सत्य/मत का प्रतिपादन प्रायः संकेतों द्वारा करते हैं। समष्टिगत प्रभाव कलाकार के चिन्तन का परिचय देता है। कवि जिस उद्देश्य का प्रतिपादन करना चाहता है, उसके लिए वह आरम्भ से ही प्रयत्नशील दिखाई देता है। नाटक की रसनिष्पत्ति, काव्य की प्रभावान्वित अन्त में जाकर अनायास ही निर्मित नहीं होती अथवा रचनाकार उपदेशक की भाँति उसका प्रतिपादन नहीं करने लगता। सौन्दर्य के लिए होने वाला 'इलियड' का भीषण युद्ध रक्तपात के अनन्तर करुणा में समाप्त होता है। मृत्यु जीवन का कठोर सत्य बन कर आती है। अन्तिम समय में एकिलीज अपने शिविर में प्रभात तक विलाप करता दिखाई देता है। स्वयं उसके मन में पिता की मधुर स्मृतियाँ भर जाती हैं, वह आकुल हो उठता है। उस अवसर पर वन का कण-कण उस क्रन्दन से द्रवित हो जाता है। अन्त में ट्राजन की स्त्रियाँ भी करुण विलाप करती हैं। चिन्ता 'इलियड' का अन्त करती है। जीवन की नश्वरता, युद्ध का दारुण अन्त ही समाप्ति पर ध्वनित होता है। 'आडिसी' के अन्त में यूलिसीज और उसके पिता लैटरीज का पुनर्मिलन होता है। अन्त में सुख-शान्ति की स्थापना होती है। अनेक संघर्षों के पश्चात् उनका यह मिलन अत्यन्त आनन्ददायी बनकर आता है। 'शाकुन्तल' में दुष्यन्त-शकुन्तला का मिलन सुखदायी है। काव्य में यथावसर सुन्दर भावों का प्रतिपादन करते हुये समाप्ति पर कवि प्रभावशाली दृश्य उपस्थित करता है। दान्ते ने 'डिवाइन कॉमेडी' के अन्त में नैसर्गिक प्रेम की प्रतिष्ठा की। प्रसाद की कामायनी का अन्त श्रद्धा द्वारा प्राप्त समरसताजन्य आनन्द में होता है। जिस कवि का उद्देश्य जितना ही महान् होता है, उसे उतनी ही अधिक महत्ता प्राप्त होती है। अपनी प्रसिद्ध कविता 'स्काईलार्क' के अन्त में शैली कहता है :

'सिखा दो मुझे तनिक उल्लास
तुम्हें है जो कुछ भी प्रिय ज्ञान
लिए पागल का सा उन्माद
अधर से फटे ऐसा गान
जिसे मैं सुनता हूँ प्रिय आज
वही जग में फिर गूँजे तान।

प्रबन्धकाव्य में अनेक स्थलों पर कवि सत्य का संकेत, निर्देश और प्रतिपादन कर सकता है, किन्तु गीतों में तो गीतभार ही उसका सर्वस्व होता है। प्रसाद के गीत स्वयं में कोई घनीभूत भावना लिए रहते हैं। अनेक चित्रों तथा मानसिक द्वन्द्वों से अलंकृत 'प्रलय की छाया' से सौन्दर्य की पराजय और नारी की विवशता ध्वनित होती है। 'लहर' के छोटे-छोटे गीतों की प्रथम पंक्ति से भी सत्य का आभास मिलता है। मधुप का गुन-गुनाकर कहानियाँ कह जाना किसी भूली हुई कहानी की याद है। प्रसाद आनन्दवाद के प्रतिष्ठापक हैं और जीवन में उन्होंने कर्म, साम्य का आग्रह किया। 'प्रेमपथिक' में उन्होंने प्रेम की व्यापक परिभाषा प्रस्तुत कीः

इस पथ का उद्देश्य नहीं है श्रान्त भवन में टिक रहना
किन्तु पहुँचना उस सीमा पर जिसके आगे राह नहीं
अथवा उस आनन्दभूमि में जिसकी सीमा कहीं नहीं

महान कवियों का कला-शिल्प पक्ष भी प्रौढ़ होता है। भाव-विचार का प्रतिपादन करने में वे कौशल का परिचय देते हैं। उनकी शैली भावों का वहन कर लेती है और वे अभिव्यंजना की एक विशेष पद्धति अपनाते हैं। हाउसमन ने शैली और अभिव्यंजना-प्रणाली को महत्त्व देते हुए कहा कि 'काव्य केवल कथित वस्तु नहीं, किन्तु कथन की एक रीति है। भारतीय साहित्यशास्त्र में भी रीति, ध्वनि, अलंकार वक्रोक्ति आदि सम्प्रदायों के मूल में यही भावना निहित है। इसी के लिए अभिधा, लक्षणा, व्यंजना की शब्द-शक्तियों का निर्माण हुआ। कवि की भाषा सरस, मधुर, अर्थमय, संगीतयुक्त तथा चित्रमय होती है। उसके शब्दों से विशिष्ट अर्थ की व्यंजना होती है। उनका शब्द-चयन किंचित् विशिष्ट होता है। प्रत्येक शब्द एक अर्थ रखता है और उसकी विशेष व्यंजना होती है। उनमें एक असाधारण शक्ति होती है जिससे काव्य सामान्य कथन नहीं रहने पाता। कतिपय कलाकारों को भाषा और शब्द-चयन में विशेष सफलता प्राप्त होती है। दान्ते से उसका शब्द-चयन ले लेने पर काव्य का सौन्दर्य ही नष्ट हो जाता है। प्रत्येक शब्द अपने स्थान पर एक विशिष्ट अर्थ में प्रयुक्त हुआ। स्थिति का अंकन करने में उसने शब्दों का सार्थक प्रयोग किया। दान्ते का गुरू वर्जिल शब्द-चयन में परम प्रतिभासम्पन्न कवि हैं। 'इलियड' का शब्द-विन्यास असाधारण है। कोलरिज का कथन था कि यदि वर्जिल से उसका शब्द-चयन छीन लिया जाय, तो लगभग कुछ भी शेष नहीं रह जाता। क्लासिकल कवि अपने शब्दों का संग्रह प्राचीन ग्रन्थों से भी करते हैं। वर्जिल, मिल्टन आदि कवियों की भाषा इसी प्रकार की है। स्वच्छन्दतावादी कवि भाषा की दृष्टि से अधिक स्वतन्त्रता बरतते

हैं। उनकी भाषा में संगीतमयता, प्रवाह अधिक है। प्रबन्धकार भाषा को गम्भीर, सार्थक और गरिमामय बनाते हैं। भाषा में बिम्ब प्रतीक, रूपक और अप्रस्तुत विधान की भी योजना होती है। सूफी कवियों ने हाला, प्याला आदि प्रतीकों के द्वारा काव्य-सृजन किया। ये सभी प्रतीक एक विशेष आध्यात्मिक अर्थ के वाहक हैं। इनके माध्यम से उन्होंने सूफी मत का प्रतिपादन कर धार्मिक असहिष्णुता से अपनी रक्षा की। फारसी काव्य प्रतीक विधान में विशेष सफल रहा।

महान कवि काव्य के प्रकृत, नैसर्गिक, स्वाभाविक स्वरूप का ग्रहण करते हैं। प्रतीकों का अधिक आग्रह उन्हें नहीं रहता। किसी सम्प्रदाय-विशेष की परम्परा को न लेकर चलनेवाले कवि अपने प्रतीकों, रूपकों उपमाओं की स्वतन्त्र योजना करते हैं। उनके प्रतीक यथास्थान केवल चित्र रूप में अंकित होते हैं, अन्यथा भाषा का सहज रूप ही उन्हें ग्राह्य होता है। प्रसाद की भाषा किसी भी प्रबन्धकार की भाँति गम्भीर और उदात्त है। उसमें संस्कृत तथा अभिजात शब्दों का समावेश है, किन्तु भाव की सरसता में यह व्यवधान नहीं बन जाता। चित्रकार रूप में प्रसाद एक कुशल शब्द-शिल्पी दिखाई देते हैं। अपनी भाषा-तूलिका से चित्र निर्मित कर देते हैं। समस्त रूप तथा वस्तु-वर्णन इसी कारण सजीव और प्राणवान बन गया। भाषा के दो स्वरूपों का निर्देश करते हुए आई.ए. रिचर्ड्स ने भाषा को विशेष महत्त्व दिया है।[7] प्रसाद की भाषा खड़ी बोली के सौष्ठव, माधुर्य ओर प्रौढ़ता को लेकर प्रस्तुत हुई है। चिन्तन के क्षेत्र में दार्शनिक अभिव्यक्ति के लिए उसमें पर्याप्त गाम्भीर्य है। प्रसाद ने संस्कृत से अपने शब्द-चयन में पर्याप्त प्रेरणा ली, किन्तु उसे नवीन कलेवर में मधुर बनाया। आरम्भ में भाषा किंचित् शिथिल थी, किन्तु क्रमशः उसमें परिष्कार होता गया और 'कामायनी' में वह प्रांजल रूप में आयी। संग्रथित शैली के कारण भाव कहीं-कहीं उलझे हुए प्रतीत होते हैं और अनावरण की आवश्यकता पड़ती है। प्रसाद के भावों का वास्तविक सौन्दर्य पाने के लिए भाषा के झीने आवरण को उठाना पड़ता है। भाषा, शब्द की यह सज्जा, भावों की सौन्दर्य-वृद्धि में सहायक होती है; उसे नवीन गरिमा से विभूषित करती है। प्रसाद की भाषा में लाक्षणिकता और व्यंजना काव्य को उदात्त रूप देते हैं। शैली में छन्दों का विधान भी महान् काव्य का प्रमुख उपादान है, समय-समय पर विभिन्न कवि अनेक छन्दों का प्रयोग करते हैं। प्रसाद ने छन्दों का नवनिर्माण किया और उनके काव्य में कई मिश्रित छन्द मिलते हैं, जिनमें प्राचीन को नवीन रूप प्रदान किया गया। 'आँसू' छन्द का हिन्दी में अनेक रूपों में अनुसरण हुआ। काव्य में नाटकीय शैली का प्रयोग प्रसाद ने सफलता से किया। उनमें भाषा का निखरा हुआ रूप एक सिद्धहस्त कलाकार की भाँति है। अभिव्यंजना की प्राचीन

शैली अपनी मार्मिकता, सजीवता लेकर आयी है। प्रसाद की शैली स्वच्छन्दतावादी प्रवृत्तियों के समीप है। काव्य को स्थायी बनाने के लिए जिस कलात्मक सौष्ठव की अपेक्षा होती है, उसके गुण प्रसाद के काव्य में मिल जाते हैं। वह प्रसाद गुण सम्पन्न है।

विश्व के महान कवियों में साम्य पाया जाता है। श्रेष्ठ काव्य के उपादानों को लेकर चलने वाले कवि एक-दूसरे के निकट आते हैं। उनमें देश-काल का अन्तर कम रह जाता है। अपनी व्यक्तिगत विशेषताओं को लेकर यद्यपि वे अमरत्व प्राप्त करते हैं, किन्तु मूलतः उनमें समानता होती है। होमर की हेलेन, दान्ते की बिएट्रिस, कालिदास की शकुन्तला, भवभूति की सीता, शेक्सपियर की जूलिएट अपने व्यक्तित्व में स्थायी हैं, किन्तु उनमें एक निकटता भी स्थापित की जा सकती है। हेलेन अपने सौन्दर्य का अभिशाप ढोती हुई वन्दिनी बनी। उसकी सुन्दरता महान युद्ध का कारण है। बिएट्रिस नैसर्गिक प्रेम, स्वर्गिक ज्योति की प्रतिमा बन कर आयी। वह कवि का पथ-प्रदर्शन करती है। एक ओर यदि वह प्रेमिका है तो साथ ही देवी भी। शकुन्तला में वनबाला की नैसर्गिक छवि अंकित हुई। वन-विहंगिनी की भाँति वह तपोवन में घूमती-फिरती दिखाई देती है। करुणामयी सीता नारी का सजल रूप लेकर आयी। जूलियट प्रेम और उसकी पीड़ा का भार ढोती दिखाई देती है। 'कामायनी' में श्रद्धा की कल्पना कवि ने सर्वोत्कृष्ट रूप में की। सौन्दर्य, गुण सभी उसमें घनीभूत हो गये। सुन्दरता में वह गन्धर्व बालिका है, गुणों में ऋषिका। इन महान कवियों की नारियाँ सुन्दर, उदात्त और महान हैं। पुरुष पात्रों के चित्रण में भी एक साम्य मिल जाता है। पेरिस, दान्ते, दुष्यन्त, राम, रोमियो, फाउस्ट, मनु; विभिन्न देश काल में निर्मित होकर भी निकट हैं। सौन्दर्य पर रीझ उठने वाला पेरिस अन्तिम समय तक हेलेन के लिए प्रयत्नशील रहता है। उसकी सौन्दर्यभावना प्रेम में परिणत हो जाती है। दान्ते स्वयं महाकाव्य का नायक बनकर अपने स्नेह का प्रदर्शन करता है; बिएट्रिस उस पर दया करती है। दुष्यन्त अपनी प्रेयसी के प्रेम में व्यग्र हो जाता है। राम का स्वरूप अधिक आदर्शवादी है। रोमियो, फाउस्ट, मनु के चरित्र स्वच्छन्द प्रेमी रूप में अंकित हुए हैं।

जनकवि की भाषा सामान्य जनता के अधिक समीप होती है। उसमें कलात्मक परिष्कार का अधिक आग्रह नहीं रहता। काव्य के नाटक जनता के अधिक समीप पहुँचा, क्योंकि दर्शक पात्रों के अभिनय से आनन्द ले लेते थे। स्वयं अरस्तू ने महाकाव्य और नाटक पर विचार करते हुए इस ओर संकेत किया है। "नाटक जनसाधारण की वस्तु है, किन्तु महाकाव्य अधिक सुशिक्षित वर्ग ही समझ सकता है।" जनकवि प्रायः देश जाति में अधिक लोकप्रिय होते हैं। होमर को यूनान,

तुलसी को भारत में सामान्य जनता भी जानती है। वे जनकवि के रूप में प्रतिष्ठित हैं। किन्तु अन्य वर्ग के महान कवि संसार की सुशिक्षित जनता के कवि होते हैं। दान्ते, कालिदास, मिल्टन, शेक्सपियर, गेटे आदि का प्रसार विश्व के एक कोने से लेकर दूसरे कोने तक है, यद्यपि सामान्यजन उनका आनन्द कम ही ले सकते हैं। जनकवि जीवन की व्यावहारिक समस्याओं के चित्रण में अधिक प्रयत्नशील रहता है। पर सांस्कृतिक कवि जीवन की संश्लिष्ट स्थिति तक जाते हैं। मानव मन का अन्तर्द्वन्द्व उनकी कृतियों में स्थान प्राप्त करता है। जन-कवि सीधी पगडंडी पर दौड़ता दिखाई देता है, जब कि विशेष वर्ग का कलाकार ऊँची-नीची भावभूमि पर भी चलता है। भाव, भाषा, शैली सभी दृष्टि में जनकवि का लक्ष्य उद्देश्य-प्रतिपादन तथा अधिक-से-अधिक व्यक्तियों में उसका प्रसार रहता है। अन्य कवि कलात्मक सौष्ठव, भाव-निरूपण में अधिक प्रयत्नशीन दिखाई देते हैं। किन्तु महान कवि शाश्वत जीवन-मूल्यों को लेकर चलते हैं, केवल उनकी अभिव्यक्ति में किंचित् अन्तर रहता है। सभ्यता के विकास के साथ-साथ सामान्य-विशेष का अन्तर भी मिटता जाता है और दोनों वर्ग एक-दूसरे के निकट आते हैं। प्रसाद का स्थान जनकवि अथवा सामान्य जनता के कवियों के समीप नहीं रखा जा सकता। उनकी भाषा-शैली कलात्मक और परिष्कृत है, किन्तु अंग्रेजी के स्वच्छन्दतावादी कवियों की भाँति उन्होंने एकांगी दृष्टिकोण नहीं रखा। जीवन का व्यावहारिक रूप भी उन्होंने लिया, यद्यपि काव्य में यह पक्ष सांकेतिक रूप में ही व्यंजित हुआ है। उसका अधिक विस्तृत विवेचन उनके नाटकों, कहानियों और उपन्यासों में प्राप्त होता है। काव्य में प्रसाद एक उच्च भावभूमि का आग्रह करते हैं और जीवन की सूक्ष्मतम समस्याओं को उन्होंने ग्रहण किया। गीतों में एक मनोभावना घनीभूत होकर आयी, किन्तु 'कामायनी' में उसे अधिक प्रसार का अवसर मिला। प्रसाद उसमें सभी समस्याओं की विस्तृत विवेचना न कर सके पर कलात्मक दृष्टि से वह प्रौढ़ (क्लासिक) है। उन्होंने संकेत मात्र कर दिया और प्रश्नों के उत्तर में समरसता और आनन्द कल्पना को प्रस्तुत किया। कवियों की सांस्कृति परम्परा को प्रसाद ने आगे बढ़ाया और इस दिशा में उनकी देन पर्याप्त है। काव्य के अतिरिक्त नाटक, कहानी, उपन्यास आदि में भी उनका मानवीय दृष्टिकोण व्यंजित होता है।

होमर, वर्जिल

पाश्चात्य काव्य में समय-समय पर कई धाराएँ चलती रहीं। सभ्यता-संस्कृति के विकास के साथ उनमें स्थान-देश के परिवर्तन हुये। सभ्यता की दृष्टि से पश्चिम

में सर्वप्रथम यूनान में जागरण आया। यह चेतना मिस्र देश से होती हुई आयी थी। बेबीलोन, मेसोपोटामिया आदि में सभ्यता के चिह्न दिखाई देने लगे थे। जिस समय हिब्रू में साहित्य-निर्माण हो रहा था, यूनान में उसका अधिक विकास हुआ। होमर की परम्परा ने काव्यधारा को आगे बढ़ाया और उसके महाकाव्य की एक-एक कथा प्रेरणा का विषय बन गयी। होमर केवल काव्य की पश्चिमी धारा का जन्मदाता नहीं, उसका उत्कृष्ट कलाकार भी है। 'होमर' शब्द एक विशिष्ट अर्थ का व्यंजक बन गया है। हेलेन का सौन्दर्य, एर्किलीज का पराक्रम, पेरिस की विवशता, यूलिसीज की असाधारणता, सभी का व्यक्तित्व अनोखा है। परिस्थिति-योजना में होमर को असाधारण प्रतिभा प्राप्त है। अरस्तू ने अपने 'काव्यशास्त्र' में महाकाव्य की चर्चा करते हुए होमर को महत्त्वपूर्ण स्थान दिया। समीक्षक एक ओर यदि 'इलियड' में महाकाव्य का सम्पूर्ण वैभव पाते हैं तो साथ ही उन्हें 'ओडसी' में स्वच्छन्दतावाद का प्रथम रूप दिखाई देता है। होमर की कहानियाँ स्वतन्त्र काव्य का विषय बनीं और उसमें यूनान का समस्त काव्योत्कर्ष पुष्पित हुआ। जिस काव्य-प्रणाली का आरम्भ होमर से हुआ था, उसी में वर्जिल, मिल्टन आदि ने कार्य किया।

होमर का काव्य-वैभव आज भी विश्व का आदर्श है, किन्तु कवि प्रसाद का कृतित्व उससे भिन्न है। प्रसाद में कथा का अधिक विन्यास नहीं मिलता और वे बाह्य संघर्ष का निरूपण कम करते हैं। वीर-युग की परम्परा का पालन उन्होंने नहीं किया। हेलेन के सौन्दर्य से श्रद्धा की रूपरेखा भिन्न है। वह केवल सुन्दर ही नहीं, सर्वगुणसम्पन्न भी है। 'कामायनी' में 'इलियड' की भाँति नाटकीय तत्त्व का समावेश अवश्य हुआ, किन्तु वह कवि की स्वतन्त्रत नियोजना है। यूनान से सभ्यता-संस्कृति रोम की ओर बढ़ी और इटली में साहित्यिक उत्कर्ष आरम्भ हुआ। ग्रीक भाषा के स्थान पर लैटिन का प्रचार हुआ। एथेन्स, स्पार्टा का ही महत्त्व रोम को प्राप्त हुआ। ईसवी शताब्दी के पूर्व ही इटली राज्य का अधिक विस्तार होने लगा था। प्रथम ईसवी पूर्व में वर्जिल ने अपने 'इलियड' से काव्य की एक नयी दिशा प्रस्तुत की। होमर की भाँति उसे अपने देश से अत्यधिक अनुराग था और उसकी कृति में राष्ट्रीयता की भावना दिखाई देती है। देश की प्रकृति काव्य की पृष्ठभूमि का कार्य करती है। रोम का समस्त वैभव उसमें वर्णित है। 'इलियड' के आरम्भ में कवि सूचना देता है कि वह रोम के शक्तिशाली पूर्वजों का यशोगान करने की अभिलाषा रखता है। ट्राय की कथा को लेकर उसने अपने उद्देश्य की पूर्ति की। उसका नायक इलियड ट्राय का अवशिष्ट प्राणी है और वह सौन्दर्यदेवी वीनस का पुत्र है। वह ट्राजन के पतन की कथा सुनाता है। वर्जिल ने अपने काव्य

में धार्मिक-आध्यात्मिक तत्त्व का भी प्रवेश कराया। अनेक देवी-देवता समय-समय पर कथानक में आते हैं। होमर की वीरता का स्थान धार्मिक भावना को मिलता है। वीनस अपने पुत्र इनियस के लिए देवी-देवताओं से प्रार्थना करती है। वर्जिल शब्द-चयन में अत्यन्त दक्ष और प्रवीण है। भाषा पर उसका अबाध अधिकार है और किसी भी श्रेष्ठ कलाकार की भाँति उसकी कृतियों में भाषा का चरमोत्कर्ष प्राप्त होता है। 'डिडो' का प्रवेश प्रेम-भावना को भी स्थान देता है। होमर से प्रभावित वर्जिल ने भाषा का अधिक परिष्कार किया। इसी कारण साहित्यिक कवियों ने अपने कलात्मक विकास में उससे पर्याप्त प्रेरणा ली।

दान्ते

वर्जिल के शिष्य दान्ते ने एक नवीन धारा को लेकर काव्यक्षेत्र में प्रवेश किया। 'डिवाइन कॉमेडी' में वह वर्जिल को अपना पथ-प्रदर्शक स्वीकार करता है। दान्ते ने मानसिक स्थिति का भी समावेश किया। अपने व्यक्तिगत जीवन में उसने प्रेम का जो अनुभव किया था, वह उसकी स्थायी अनुभूति हो गयी। 'कॉमेडी' में अनेक पात्र आते-जाते हैं और वर्जिल के द्वारा दान्ते उनकी व्याख्या कराता है। धर्म-प्रेम का समन्वय उसकी विशिष्टता है और उसने बिएट्रिस के रूप में प्रेम-सौन्दर्य का नैसर्गिक स्वरूप प्रस्तुत किया। प्रेयसी बिएट्रिस 'नैसर्गिक, दैवी प्रेम का प्रतीक' बनकर काव्य में प्रतिष्ठित हुई। कवि के ज्ञान-चक्षु खोलकर जब वर्जिल चला जाता है तब यह विशिष्ट नारी कवि का पथ-प्रदर्शन कर, अन्त में उच्च भावभूमि पर पहुँचती है। नरक, वैतरणी और स्वर्ग खंडों में वर्जिल ने अपनी अनुभूतियों को स्थान दिया और उसके चित्रण अत्यन्त सजीव हैं। सत्य और कल्पना का सुन्दर समन्वय 'कॉमेडी' के कथा-निरूपण में प्राप्त होता है। अलौकिक तत्त्व का समावेश कथा-योजना में अधिक हुआ। वर्जिल और विएट्रिस के निर्देश मात्र से बाधा-विघ्न समाप्त हो जाते हैं, सुन्दर दृश्य सम्मुख आते हैं।

'डिवाइन कॉमेडी' में कतिपय आलोचकों को दान्ते के अनुभव बिखरे दिखाई देते हैं। कॉमेडी की विशद कल्पना में अनेक व्यक्ति, क्रिया-व्यापार प्राप्त होते हैं। युग के विद्वान, वीर और धर्मात्मा स्वर्ग में दिखाई देते हैं और नरक में कुकर्मी, अधर्मी, अनाचारी मिल जाते हैं। पाप-पुण्य की विवेचना तथा उसका परिणाम अंकित करने में कवि की दृष्टि धार्मिक अधिक है। अखंड ज्योति, अपार प्रकाश, अमर प्रेम की स्थापना 'कॉमेडी' के अन्त में हो जाती है। सत्य की प्रतिष्ठा उसका उद्देश्य है। काव्य में दो-दो पथ-प्रदर्शक भटके मानव को राह दिखाते हैं। कवि दान्ते स्वयं मानवीय दुर्बलताओं को लिए हुए है। धर्म और प्रेम के द्वारा मानव

को अन्त में स्वर्ग, सत्य तथा प्रकाश की प्राप्ति होती है और कवि अपने लक्ष्य में सफल होता है। उसने एक सार्वभौमिक सत्य का प्रतिपादन अवश्य किया, किन्तु उसमें धार्मिक भावना की भी गन्ध आ गयी है। नारी के भव्य, उदार और नैसर्गिक स्वरूप का अंकन कवि की मौलिक उद्भावना है, अन्यथा प्राचीन काव्य में नारी के प्रेम का समावेश अधिक अनिवार्य वस्तु न थी। भाषा-शैली की प्रौढ़ता 'कॉमेडी' में वर्जिल का अनुसरण अधिक करती है। दान्ते वर्जिल की परम्परा का सर्वोत्कृष्ट स्वरूप बनकर आया और उसने विषय के क्षेत्र में क्लासिकी तथा स्वच्छन्दतावादी प्रवृत्तियों का समन्वय प्रस्तुत किया। उसका काव्य-विषय मानव जीवन के निकट है और बाह्य वर्णन के साथ आन्तरिक निरूपण को भी स्थान मिला है। बिएट्रिस के स्नेह और उसकी आकस्मिक मृत्यु ने कवि के प्राणों में जो वेदना भर दी, वह एक महान काव्य की प्रेरणा बनी। व्यक्तिगत भावना का यह उदात्तीकरण काव्य के क्षेत्र में एक नवीन प्रयोग के रूप में देखा जा सकता है।

दान्ते और प्रसाद की मानवीय भावनाओं में पर्याप्त साम्य प्रतीत होता है। 'कॉमेडी' और 'कामायनी' के आशय में समीपता है। दान्ते की भाँति मनु भी साधारण मानव का प्रतीक है। प्रसाद ने व्यक्तिगत अंश का उदात्तीकरण किया और अपनी कल्पना एक सामाजिक धरातल पर प्रस्तुत की। दान्ते आरम्भ में स्वयं को पथ भ्रष्ट पथिक के रूप में चित्रित करता है। 'कॉमेडी' का प्रारम्भ क्षुब्ध वातावरण से होता है: "जीवन की जिस पगडंडी पर मानव चलता है, उसी में मैंने स्वयं को पथभ्रष्ट तथा सघन अन्धकारपूर्ण वन में पाया, क्योंकि मुझे पथ ही नहीं दिखाई देता था।"

'कामायनी' के प्रलयकालीन मनु की अवस्था लगभग यही है। दान्ते ने कवि वर्जिल को अखंड ज्ञान का प्रतीक माना है और बिएट्रिस नैसर्गिक ज्योति बन कर आती है। आरम्भ में कवि वर्जिल दान्ते को ज्ञान चेतना देकर उसकी बुद्धि को जागृत करता है। पाप-पुण्य का लेखा वह प्रस्तुत करता है और उसे नरक की विभीषिका दिखाता हुआ ले जाता है। ज्ञान से जो प्रकाश दान्ते को मिलता है, उसे बिएट्रिस अमर सत्य, चिरन्तन आनन्द में परिवर्तित कर देती है। 'कामायनी' श्रद्धा को हृदय का प्रतीक मानकर, सम्पूर्ण उदात्त भावनाओं को उसमें समाविष्ट करती है। उसके द्वारा मनु को जीवन के चरम उद्देश्य आनन्द की उपलब्धि होती है। आरम्भ में दान्ते वर्जिल से दया की भिक्षा माँगता है। वह अपनी समस्त दुर्बलता उसके समक्ष रख देता है और सम्पूर्ण विश्वास उस पर टिका देता है। इसी अवसर पर वह 'सर्वोच्च ज्योति', 'शाश्वत आनन्द' को अपने काव्य का लक्ष्य बताता है। कवि बिएट्रिस का चित्र प्रस्तुत करते हुए कहता है (कैन्टो-कैन्टो) :

"कैन्टो उसकी दृष्टि तारिका से भी अधिक प्रकाशमान थी। उसने धीरे-धीरे सौहार्द से अपनी अतीन्द्रिय तथा मृदुल भाषा में कहना आरम्भ किया।" श्रद्धा का प्रथम चित्र 'कामायनी' में इसी भाँति आया है। दान्ते को अपनी प्रेयसी के स्वरों से नवजीवन प्राप्त हुआ। उस दशा का वर्णन स्वयं कवि ने इस सुन्दर रूपक से किया : "मानो हेमन्त की शीतमयी निशा के अनन्तर सूर्य की प्रथम किरणों के स्पर्श से ही किसी संकुचित, अर्द्धनिमीलित पुष्प की पँखुरियाँ विकसित हो उठी हों।"

मनु की भी समस्त निराशा और जड़ता श्रद्धा समाप्त कर देती है। वह उन्हें काम का व्यापक सन्देश देकर कर्म में नियोजित करती है। बिएट्रिस लूसिया के द्वारा मेरी का उपदेश पाती है कि वह अपने प्रेमी कवि की सहायता करे, किन्तु श्रद्धा का आगमन नाटकीय है। इसके बाद बिएट्रिस फिर अधिक समय तक कथानक के साथ चलती हुई नहीं दिखाई देती। वर्जिल नरक के पश्चात् वैतरणी में भी उसका पथ-प्रदर्शन करता है। धीरे-धीरे वे दोनों ईडन के उपवन में पहुँचते हैं। कुछ समय पूर्व वर्जिल दान्ते को आभास देता है कि शीघ्र उसे बिएट्रिस की छवि-माधुरी देखने को मिलेगी। वैतरणी के तीसरे पर्व में दान्ते को विचित्र प्रकाश दिखाई पड़ता है। चारों ओर प्रार्थनाएँ हो रही हैं। रथ पर स्वच्छ आवरण के भीतर एक नारी है, देवतागण प्रसून की वर्षा कर रहे हैं। उसको साध पूरी होती है, वह बिएट्रिस को पहचान लेता है। इसी समय कवि अपनी भूल स्वीकार कर लेता है कि उससे विलग हो जाने के पश्चात् वह संसार के छल, माया, मोह, भोग में फँसा रहा। मनु ने भी श्रद्धा को पाकर अपनी कृतज्ञता प्रदर्शित की थी :

तुम देवि आह कितनी उदार
यह मातृमूर्ति है निर्विकार।

दान्ते की बिएट्रिस भी कवि के लिए माँ की भाँति बन जाती है। इस अवसर पर प्रेयसी के सौन्दर्य में स्वर्गिक ज्योति प्रकाशित हो उठती है, उसका रूप अलौकिक हो जाता है। यही नहीं, उसकी दासियाँ निवेदन करती हैं कि वह अपनी आन्तरिक छवि प्रकाशित कर दे ताकि दान्ते पृथ्वी पर जाकर मानव जाति को उसके गुणों का सुन्दर परिचय दे। बिएट्रिस का अत्यन्त उदात्त रूप कवि ने इस अवसर पर प्रस्तुत किया है। एक विचित्र आभा बिखरती दिखाई देती है। नारी की रूप माधुरी से छवि की किरणें फूटती हैं। बिएट्रिस दान्ते को रहस्य समझाती है। इस प्रकार वैतरणी के अन्त में कवि की प्रेयसी का प्रवेश होता है। उसके आगमन के कुछ ही क्षण अनन्तर दान्ते स्वर्ग के द्वार पर पहुँच जाता है। 'दर्शन' के अन्त में मनु की भी स्थिति इसी प्रकार की है। समरस, अखंड, आनन्दवेश!

स्वर्ग के आरम्भ में दान्ते बिएट्रिस की अलौकिक शक्ति का आभास देता है। उसके नेत्रों में असाधारण प्रकाश है (पैराडिजो, कैन्टो 4)। वह कवि की शंका का समाधान करती चलती है। उसी ने बताया कि अपनी इच्छा के विरुद्ध कुछ भी करना घोर पाप है। निष्काम आत्मा कभी पराजित नहीं होती। सत्य ही ज्ञान की तृप्ति कर सकता है। दान्ते अपनी सम्पूर्ण जिज्ञासा से प्रश्न करता है और वह उसका उत्तर देती है। धीरे-धीरे वे स्वर्ग के अन्तरतम प्रदेश में पहुँचते हैं। बिएट्रिस कई लोकों से उसे घुमाती ले जाती है, जहाँ अनेक आत्माएँ मिलती है। वह अपने तरह हास से कवि का सन्ताप हर लेती है। मार्ग में अनेक सन्त-महात्माओं से भेंट होती है। बिएट्रिस आशा-विश्वास की परिभाषा करती है। स्वर्गिक संगीत से कवि आनन्दित, आत्मविस्मृत हो उठता है। स्वर्ग के दृश्य स्पष्ट होते जाते हैं। कवि में न बिएट्रिस के अपार सौन्दर्य का अंकन करने की शक्ति है और न वह उस अलौकिक आनन्द की ही अभिव्यक्ति कर सकता है। अन्त में मेरी तथा सन्त वरनर्ड आते हैं। स्वर्ग का राजदरबार दिखाई देता है। काव्य की समाप्ति पर वह प्रेम को महान कहता है। स्वर्ग के सम्पूर्ण चित्र में बिएट्रिस की अलौकिक छवि और ज्योति प्रस्फुटित होती रहती है। वह दान्ते को आनन्द तथा स्वर्ग की अन्तिम सीमा तक ले जाती है। 'रहस्य' सर्ग में श्रद्धा भी मनु को इसी प्रकार उच्च भावभूमि तक पहुँचाती है। मनु को अत्यधिक शिथिलता आ रही है, वे स्वयं को निस्संबल भग्नाश पथिक की भाँति पाते हैं, जिसका सारा साहस छूट गया हो। इस अवसर पर बिएट्रिस की भाँति श्रद्धा के अधरों पर मधुर हास खेल जाता है :

वह विश्वास भरी स्मिति निश्छल
श्रद्धा-मुख पर झलक उठी थी। (कामायनी, पृ. 249)

मनु इच्छा, ज्ञान, कर्म के विचित्र लोक देखकर श्रद्धा से प्रश्न करता है। वह इनके चित्र प्रस्तुत कर गुणों से अवगत कराती है। उसने इन सबकी परिभाषा की और अन्य उपादानों का रहस्य समझाया। अन्त में श्रद्धा की स्मिति से उनमें समन्वय होता है, एक अलौकिक दृश्य प्रस्तुत होता है। इस प्रकार 'कामायनी' का 'रहस्य' सर्ग 'डिवाइन कॉमेडी' के 'स्वर्ग पर्व' के समीप प्रतीत होता है। दान्ते के काव्य में पात्रों, घटनाओं का अधिक विवेचन है, किन्तु प्रसाद ने भावनाओं के केन्द्रीकरण पर ध्यान रखा। 'कामायनी' का आनन्द 'कॉमेडी' के आध्यात्मिक सुख-शान्ति की भाँति है। दोनों काव्य मानवजीवन के प्रतिनिधि रूपों को लेकर चलते हैं और प्रेम, सत्य से समन्वित नारी अपने उदात्त रूप में आती है। गिरते-पड़ते अन्त में प्राणी आनन्द को प्राप्त कर लेता है। रूपक रूप में 'डिवाइन कॉमेडी' तथा 'कामायनी' की ध्वनि मनुष्य का अखंडित आनन्द है। धर्म का अधिक

आग्रह होने के कारण दान्ते ने धार्मिकता, पौराणिकता, आध्यात्मिकता का निरूपण किया। प्रसाद का क्षेत्र अधिक दार्शनिक है; उसमें जीवन की आधुनिक समस्याएँ भी आ गयी हैं। वस्तु-वर्णन में 'कॉमेडी' का क्षेत्र विशाल है। उसमें युग के पापी, अधर्मी, राजा आदि आते हैं। वह होमर, ओनिड, लूकान, होरेस आदि के नाम भी गिनाती है। असंख्य पात्र उसमें आते-जाते रहते हैं। 'कामायनी' भाव-निरूपण में अधिक प्रयत्नशील प्रतीत होती है।

दो भिन्न युग के इन कलाकारों की प्रेरणा, कल्पना में पर्याप्त समानता है। यद्यपि उन दोनों की स्वतन्त्र उद्भावनाएँ हैं। मध्ययुग की धार्मिक प्रवृत्तियों से प्रभावित दान्ते अपने देश इटली का अत्यधिक आग्रह करता है; उसे पुण्यभूमि मानता है। प्रसाद ने मानवता को ग्रहण किया। उनके मनु-श्रद्धा अधिक विस्तृत भावभूमि पर निर्मित हुये। स्पष्ट रूप में 'कामायनी' और 'कॉमेडी' एक ही दिशा में पहुँचती हैं। एक आनन्दवाद की चरम सीमा पर जाती है तो अन्य आध्यात्मिक उत्कर्ष पर। अपनी विशाल योजना में 'कॉमेडी' कलात्मक सौष्ठव में उतनी परिपक्व न हो सकी, जितनी कि 'कामायनी'। उसमें वर्णनात्मक उत्कर्ष अधिक है, किन्तु 'कामायनी' चिन्तन के आधार पर भाव-अभिव्यंजना में प्रयत्नशील है। उसका विचार पक्ष भी प्रौढ़ है। 'कॉमेडी' में भी दान्ते ने इच्छा, ज्ञान, आशा, श्रद्धा आदि की सुन्दर परिभाषाएँ कीं। उसके अनुसार प्रेम अत्मा तथा प्रियतम का आध्यात्मिक मिलन है। (पोर्गाटोरिया कैन्टो 18)। 'कामायनी' भी अन्त में 'अखंड आनन्द' की प्रतिष्ठा करती है, जब कि सभी 'समस्त' हो जाते हैं। दोनों ही काव्य उदात्त कल्पना, उच्च आशय लेकर चले।

अंग्रेजी काव्य

अंग्रेजी काव्य-परम्परा का आरम्भ एंग्लोसैक्सन समय से हो जाता है, किन्तु नार्मनों के अधिकार से सभ्यता के एक नवीन युग का प्रवेश हुआ। फ्रांस की छाया इंग्लैंड पर पड़ रही थी, लैटिन और फ्रेंच प्रयोग में आ रही थी। एक ओर यदि अंग्रेजी काव्य यूनान-रोम की प्राचीन परम्परा से प्रभावित था तो साथ ही स्वच्छन्दतावादी प्रेममूलक प्रवृत्तियाँ भी उसमें प्रवेश कर रही थीं। चॉसर को अंग्रेजी काव्य का पिता कहा जाता है। लगभग 1360 ई. में उसने साहित्य में प्रवेश किया। अपने समय के समाज का चित्रण उसने किया और उसके काव्य में उस काल की अंग्रेजी सभ्यता बिम्बित होती है। अपने काव्य 'केन्टरबरी टेल्स' में उसने अनेक पात्रों की नियोजना की। उन सभी को उसने विभिन्न परिस्थितियों में रखा। सभी तीर्थयात्री दो-दो कहानियाँ कहते हुए चले जाते हैं। बड़ी कुशलता से कथा कही

जाती है। इन्हीं के माध्यम से जीवन की अनेक समस्याएँ सम्मुख आती हैं और उनका समाधान भी होता है। प्रत्येक प्रकार की स्थिति का समावेश उसमें किया गया। अधिक मौलिक उद्भावनाओं के न होते हुए भी चॉसर ने अंग्रेजी काव्य का आरम्भ में ही प्रौढ़ शैली और शिष्ट भाषा प्रदान की। केन्टरबरी के निकट तीर्थयात्रियों के पहुँचने पर कवि कहता है: ''उस माधुर्य को देखकर उसे अपार प्रसन्नता हुई।'' भावना के क्षेत्र में कवि ने युग से प्रेरणा ली और शैली को गम्भीर बनाया। उसने कलात्मक सौष्ठव तथा परिपक्वता से अंग्रेजी को उसके आरम्भ काल में समृद्ध किया।

चॉसर के पश्चात् इंग्लैंड में नवजागरण के आगमन तक अधिक प्रतिभा-सम्पन्न कवि नहीं दिखाई देते। पन्द्रहवीं शताब्दी में साहित्य, कला, विज्ञान आदि क्षेत्रों में जागरण आरम्भ हुआ। इटली में मैकियावेली आदि ने नवीन चेतना को जन्म दिया। वहीं के कवि एरिअस्टों ने नवजागरण के आरम्भिक गीत गाए। उसका स्वर था कि ''प्रेम करनेवाला अधिक काल तक रहता है। जीवन और सभी कुछ समाप्त हो जाने पर भी वह प्रेम और सेवा करता जाता है।'' फ्रांस से होती हुई यह नव चेतना इंग्लैंड आयी। इंग्लैंड के इतिहास में ट्यूटर काल इस दृष्टि से महत्त्वपूर्ण है। काव्य के क्षेत्र में इस सगय यूनान, रोम की प्रसिद्ध रचनाओं का अनुवाद हुआ। होमर, वर्जिल, दान्ते अंग्रेजी जनता के अधिक निकट आए। जागरण के प्रथम प्रहर में अनेक प्रयोग हुए और एलिजाबेथ के स्वर्णयुग में उसका व्यवस्थित स्वरूप प्रकट हुआ। ग्रियर्सन का विचार है कि अनेक दृष्टियों से द्वितीय चरण अधिक प्रगतिशील और मानवता के निकट सम्पर्क में था।[8] वायट अंग्रेजी के सानेट रचयिताओं में प्रथम स्थान प्राप्त करता है। उसने गान, शोकगीत आदि की भी रचना की। 'प्रेमी की अनुनय' आदि उसकी कृतियों में भावना-अभिव्यक्ति का सुन्दर समन्वय हुआ। सोलहवीं शताब्दी के उत्तरार्द्ध में स्पेन्सर अंग्रेजी काव्य के नवीन स्वरूप का प्रतिष्ठापक है। उसने अपने 'शेफर्ड्स कैलेन्डर' में प्रेम-वियोग आदि की विभिन्न भावनाओं को सँजोया। 'दि टियर्स ऑफ दि म्यूजेज़' आदि अन्य छोटी रचनाओं में भी उसके नवीन प्रयोग मिल जाते हैं।

लगभग बीस वर्षों की साधना का परिणाम स्पेन्सर का काव्य 'फ़ेयरी क्वीन' है। पाप-पुण्य का शाश्वत संघर्ष अधिक काव्यात्मक रूप में यहाँ व्यंजित हुआ। वर्जिल की पौराणिकता, दान्ते की धार्मिकता पीछे छूट जाती है। उसमें नवोदित प्रोटेस्टेंट भावना की अधिक छाया है। मानवतावादी प्रवृत्तियों का उस पर प्रभाव स्पष्ट दिखाई देता है। यद्यपि वह राष्ट्रीयता और देश-गौरव से भी अनुप्राणित है। कलात्मक दृष्टि से 'फ़ेयरी क्वीन' में अनेक सजीव चित्र मिलते हैं। रूपकों,

प्रतीकों का अधिक समावेश कहीं-कहीं भावना को आदर्शवादिता और नैतिकता से बोझिल कर देता है। 'फ़ेयरी क्वीन' में स्थान-स्थान पर आदेश-वाक्य मिलते हैं, जिनमें दार्शनिक मत का प्रतिपादन हुआ। स्पेन्सर के काव्य में कई वस्तुओं का समन्वय देखा जा सकता है। जागरण युग का आरम्भिक कवि होने के कारण उसमें प्राचीन-नवीन का स्वाभाविक संगम है। नारी और ईश्वर के प्रेम में सामंजस्य का प्रयास कई गीतों में उसने किया। 'फ़ेयरी क्वीन' के अन्त में एक अखंड परिवर्तनशील स्थिति की प्रतिष्ठा होती है। शैली और भाषा में स्पेन्सर चॉसर के प्रयुक्त अनेक शब्दों को ग्रहण किया और उसके काव्य में प्राचीन शब्द पर्याप्त मात्रा में मिलते हैं। एक रूपक के तौर पर प्रस्तुत होने वाली 'फ़ेयरी क्वीन' को कई दृष्टिकोणों से देखा जा सकता है। उसमें इतिहास, वीरता, धर्म, प्रेम के पक्ष आ जाते हैं और नीति की चर्चा तो स्थान-स्थान पर मिलती है। स्पेन्सर अलंकरण का इतना आग्रह नहीं करता, जितना कि नीति और धर्म का। चार्ल्स लैम्ब, लीहट ने उसे 'कवियों का कवि' कहकर पुकारा है। प्रसाद का दार्शनिक निरूपण काव्य से एकाकार हो कर आया। वह भावों के साथ हिल-मिल गया है; उसमें बाह्य बौद्धिक निरूपण आरोपित रूप में कम दिखाई देता है। स्पेन्सर की भाँति प्रसाद चिन्तनशील कवि हैं। उनका काव्य सत्य प्रतिपादित करता चलता है, किन्तु कलात्मक सौष्ठव को साथ लेकर। 'फ़ेयरी क्वीन' का रूपक आरोपित अथवा अध्यवसित है, उसे प्रतिपादित करना पड़ता है। 'कामायनी' का रूपक काव्य से पृथक् अधिक अस्तित्व नहीं रखता; वह उसकी ध्वनि बनकर आया है। परिस्थिति, पात्र, चरित्र-चित्रण की कुशल योजना एक सुन्दर रूपक की सृष्टि करती है। कवि अपनी ओर से उस रूपक को स्पष्ट करने का अतिरिक्त प्रयत्न नहीं करता।

स्पेन्सर को मिल्टन, ड्रायडन, पोप, कीट्स आदि कवियों ने अपना गुरु स्वीकार किया और उन्होंने उससे प्रेरणा प्राप्त की। एलिजाबेथ युग में शीर्ष स्थान शेक्सपियर को प्राप्त है, जिसने अपने सूक्ष्म निरीक्षण से साहित्य में सजीव पात्रों को जन्म दिया। उसने व्यापक मानव को अपने काव्य का विषय बनाया और चरित्र-चित्रण में उसे असाधारण सफलता प्राप्त हुई। हेमलेट जैसे आन्तरिक द्वन्द्व से भरे हुए पात्रों का उसने निर्माण किया। मानव की अन्तर्निहित सम्वेदनाओं को शेक्सपियर ने अपने काव्य में लिया। उसके चरित्र अपनी सजीवता लेकर आते हैं। एक सजग कलाकार की भाँति शेक्सपियर मानव-जीवन के व्यापक रंगमंच पर कार्य करता दिखाई देता है। दुखान्त नाटकों में उसने मानवीय भावों को आरोपित किया। आरम्भिक नाटकों की उत्तेजना 'हेमलेट' में आकर किंचित्

स्थिर हो जाती है। उसमें भाव-विचार का सुन्दर सामंजस्य हुआ। नायक हेमलेट अपनी दुर्बलताओं से युद्ध करता है। वह अपने मित्र होरेशियो से कहता है, ''इस पृथ्वी और स्वर्ग में ऐसी अनेक वस्तुएँ हैं, जिनकी कल्पना तुम्हारे दर्शन में नहीं की जाती।'' शेक्सपियर भावना, विचार, कल्पना की दृष्टि से समय के साथ उत्कर्ष की ओर बढ़ता गया। भावोत्तेजना का स्थान चिन्तन और बौद्धिकता को मिला। जूलियट और पोर्शिया में यही अन्तर है। नाटककार शेक्सपियर की भाँति प्रसाद ने भी नाटकों की रचना की। उनके ऐतिहासिक नाटक ही अधिक हैं, किन्तु उन्होंने पात्रों में सजीव मानवीय भावनाएँ आरोपित कीं। नारी पात्रों की भावुकता में दोनों कवि निकट दिखाई देते हैं। डेस्डिमोना और देवसेना, पोर्शिया और अलका में एक साम्य स्थापित किया जा सकता है। मानसिक अन्तर्द्वन्द्व दोनों कवियों का विषय है। विद्वानों की स्वीकृति है कि शेक्सपियर ने मानव के अन्तरतम को देखने का प्रयत्न किया।[9] प्रसाद का चरित्रांकन भी इसी के अनुरूप हुआ। नाटकों में स्थान-स्थान पर कविता का समावेश है, जिनके माध्यम से कवि ने अपनी भावुकता व्यक्त की। सानेट-लेखक के रूप में शेक्सपियर ने प्रेम को अपना प्रमुख विषय बनाया। अपने सानेट 'अन्धा प्रेम' में वह कहता है : ''ओ छली प्रेम, तू आँसुओं से मुझे अन्धा रख, जब तक कि नेत्र तेरी भूल खोजते हुए तुझे पा न लें।''

नाटक तथा कविता दोनों की रचना करने वाले इन कवियों ने मानव अनुभूतियों को प्रधानता दी। इसी कारण उनके चरित्र अपनी विशेषताओं से अलंकृत हैं। रंगमंच के कारण शेक्सपियर जनता तक पहुँचने में समर्थ हुआ, किन्तु प्रसाद एक साहित्यिक कवि के रूप में प्रतिष्ठित है।

शेक्सपियर के पश्चात् मिल्टन में क्लासिकी कविता का पुनर्जागरण हुआ। प्राचीन संस्कृति और साहित्य का आभास देने वाला यह कलाकार अपनी प्रेरणा के लिए रोम से वर्जिल तक गया। वह स्वयं कई प्राचीन भाषाओं का विद्वान था। उसने पाप-पुण्य की प्राचीन समस्या को लिया और धार्मिकता का प्रभाव उसमें देखा जा सकता है। एक सांस्कृतिक धरातल होने के कारण उसके काव्य में गम्भीरता आयी है। उसने अपने चिन्तन पक्ष को प्रौढ़ता प्रदान करने में स्पेन्सर की विचारधारा का भी अवलम्ब ग्रहण किया। अपने महाकाव्य 'पैराडाइज लास्ट' में उसने ईश्वर-मानव, पुण्य-पाप की समस्याओं को लिया। महाकाव्य के आरम्भ में ही कवि सूचित करता है कि वह मनुष्य के प्रति ईश्वर के समस्त व्यवहार न्यायोचित ठहराना चाहता है : ''मैं चिरन्तन रक्षा कर सकूँ और मनुष्य के प्रति ईश्वर के कर्मों को न्यायोचित बताऊँ।''

मानव की शाश्वत समस्या को लेकर उसने काव्य का निर्माण किया। आदम-ईव मानवता के प्रतीक बनकर आये हैं। अपने कुकर्मों के कारण शैतान स्वर्ग से पृथ्वी पर गिरा दिया गया है। वह ईश्वर से आजीवन संघर्ष की प्रतिज्ञा करता है। पृथ्वी पर नव निर्माण करने वाले देवदूतों का नेता बनकर वह अपना बदला लेना चाहता है। इधर ईश्वर आदम-ईव को बतला देता है कि उनका पतन शैतान के ही कारण होगा, इसलिए सतर्क रहना आवश्यक है। मानवता के इस युगल का कवि ने सुन्दर चित्र खींचा है। वे दोनों 'ईडन गार्डन' में घूम रहे हैं : "हाथ में हाथ लेकर वह अतीव सुन्दर जोड़ी घूम रही थी। आज तक प्रेम के अंचल में ऐसी अभूतपूर्व जोड़ी न देखी गयी थी। आदम मनुष्यों में सबसे उत्तम था और ईव अतीव सुन्दर।"

मानवता के आरम्भ की समस्या लेते हुए मिल्टन ने अपने महाकाव्य को धार्मिक रूप दिया। उसमें ईसा के प्रभुत्व का आग्रह अधिक है। 'कामायनी' दार्शनिक मनावैज्ञानिक प्रवृत्तियों के साथ भी अधिक नवीन और व्यावहारिक है। मनु के पथभ्रष्ट होने का प्रमुख कारण उनकी संकुचित मनोवृत्ति, सामंजस्य का अभाव है। किलात-आकुलि एक क्षण के लिए उसके मन में हिंसा की भावना जगा देते हैं, क्योंकि वह दुर्बल मनोवृत्ति से भरा है। 'पैराडाइज लास्ट' में आदम ईव को समझाता है, उसका स्थान उच्च है। 'कामायनी' की श्रद्धा अधिक महत्त्वशालिनी है। मिल्टन बाइबिल से अधिक प्रभावित है और महाकव्य पर उसकी छाया है। ग्यारहवें पर्व में माइकेल प्रलयकालीन जलप्लावन की भी चर्चा करता है, जिसमें केवल आदम बच गया था। आदम-ईव की जोड़ी मनु-श्रद्धा की भाँति प्रतीत होती है, किन्तु कवियों के दृष्टिकोण में अन्तर है। मिल्टन भाव, भाषा, शैली सभी में परम्परा का अधिक अनुसरण करता है पर प्रसाद नवीन प्रवृत्ति को लेकर चलते हैं। मिल्टन ने 'पैराडाइज रिगेन्ड' की भी रचना की, किन्तु कला की दृष्टि से वह अधिक सफल न हो सकी। मानवता की कथा लेकर चलनेवाले महाकाव्य 'पैराडाइज लास्ट' और 'कामायनी' युग के अनुरूप श्रेष्ठ कृतियाँ हैं। मिल्टन में धार्मिकता का आग्रह अधिक है, किन्तु प्रसाद का पक्ष दार्शनिक है और उनका काव्य मानवीय है।

रोमांटिक काव्य का प्रथम चरण

मिल्टन के पश्चात् इंग्लैंड में कविता का प्रवाह किंचित् मन्द पड़ गया। ड्रायडन और पोप का नाम उसके बाद उल्लेखनीय है। जान्सन के समय में गद्य का निर्माण अधिक हुआ। गोल्डस्मिथ ने अवश्य 'ट्रेवलर', 'डेजर्टेड विलेज', 'हर्मिट' आदि

की रचना की। इन छोटे-छोटे कथाकाव्यों में उसने प्रकृति और प्रेम का सुन्दर निरूपण किया। अठाहरवीं शताब्दी में विक्टोरिया के शासनकाल में नवीन धारा के कवियों को जन्म दिया। प्रकृति से प्रेरणा ग्रहण करने वाला वर्ड्सवर्थ उसके कण-कण में सजीवता भरता हुआ दिखाई देता है। वह एक तादात्म्य स्थापित कर उससे शिक्षा ग्रहण करता है। वह प्रकृति से प्रतीक लेकर अपनी भाषा को अलंकृत नहीं करता, किन्तु वह मानवीय भावनाओं के साथ ही चलती है। उसका कथन है, ''आकाश में इन्द्रधनुष देखते ही मेरा हृदय आन्दोलित हो उठता है। मेरा जीवन जब आरम्भ हुआ था, तब भी यही स्थिति थी। मैं आज मनुष्य हो गया हूँ, यही दशा है। मैं वृद्ध हो जाऊँ तब भी ऐसा ही हो अथवा जीवन का अन्त ही हो जाय।''

वर्ड्सवर्थ ने 'लिरिकल बैलेड्स' की भूमिका में कवि को शिक्षक के अधिक समीप स्वीकार किया: कविता समस्त ज्ञान का जीवन तथा सर्वोत्कृष्ट आत्मा है। उसकी कविता का चिन्तन भावना के साथ एकाकार होकर आता है और वह स्पेन्सर, मिल्टन आदि कवियों की भाँति किसी वस्तु को ऊपर से कम आरोपित करता है। सम्पूर्ण दृश्य की ध्वनि अन्त में एक उच्च भावभूमि के अनुकूल होती है। कविता अपना संकेत स्वयं प्रकट कर देती है। भावों को एक मार्मिक भाषा वहन करती चली जाती है। अपने 'ओड' लिखने में उसे विशेष सफलता हुई। 'टिन्टर्न अबे' आदि रचनाओं में उसकी रहस्यवादी प्रवृत्तियाँ मिल जाती हैं। वर्ड्सवर्थ की भाँति प्रसाद का प्रकृति के साथ तादात्म्य नहीं है। प्रत्येक प्राकृतिक वस्तु के प्रति उनकी रागात्मक वृत्तियाँ नहीं जागृत होतीं। वे प्रकृति का उपयोग मानवीय भावनाओं के प्रकाशन-माध्यम रूप में करते हैं। अनेक प्रतीक उन्हें उससे मिल जाते हैं। उनकी प्रकृति वर्ड्सवर्थ की भाँति स्वतन्त्र वस्तुवर्णन का विषय अधिक न बन सकी। काव्य के अन्त में स्वाभाविक रीति से आने वाली आध्यात्मिक ध्वनि दोनों कवियों में प्राप्त होती है। उसके लिए वे किसी अन्य अर्थ को आरोपित नहीं करते। वर्ड्सवर्थ का मानव प्रकृति के हेतु है, किन्तु प्रसाद की प्रकृति मानव के साथ-साथ चलती है। वर्ड्सवर्थ एक स्थान पर कहता है, 'यदि तुम निश्चित ही अपनी ज्योति स्वर्ग से ग्रहण करते हो, तो हे कवि, तुम्हीं उसके स्थान पर प्रकाशित होते जाओ और सन्तुष्ट रहो।' अपनी विचारधारा में प्रसाद वर्ड्सवर्थ की भाँति 'वैधानिक क्रान्ति' के समर्थक हैं। वर्ड्सवर्थ का साथी कोलरिज काव्य की प्रेरणा के लिए मानव की अधिक सूक्ष्म मनोभावनओं में जाता दिखाई देता है। उसका कथन था कि ''कवि के हृदय और बुद्धि का समन्वय भली भाँति होना आवश्यक है। उसे प्रकृति से अधिक व्यापक स्वरूप से एकाकार

होना चाहिए।"[10] उसने काव्य में मनोविज्ञान का समावेश किया और मानव की सूक्ष्म अनुभूतियों के अंकन का प्रयास उसमें दिखाई देता है। 'दि राइम ऑफ़ दि ऐन्सेन्ट मैरिनर' तथा 'कुबा खाँ' आदि उसकी लम्बी रचनाएँ सम्पूर्ण कलात्मक अभिव्यक्ति करती हैं। इन रचनाओं के निर्माण में उसने स्वप्न की सहायता ली। 'कुबला खाँ' सुप्तावस्था का स्वप्न है और 'ऐन्सेन्ट मैरिनर' जागृत दशा का। कल्पना का स्वच्छन्द प्रवाह 'कुबला खाँ' में प्राप्त है। अन्त में कवि का कथन है : "काश, मैं अपने भीतर उस संगीत और लय को लौटा सकता। मेरे अन्तरतम को इतना आनन्द विजयी कर लेता कि दीर्घ और उदात्त संगीत भर जाता।...मैं स्वर्ग का दुग्ध पान करता।" कहीं-कहीं भावना अत्यन्त वेगवती हो उठी हैं। वास्तव में कोलरिज की प्रवृतियाँ दर्शन, मनोविज्ञान की ओर अधिक उन्मुख हैं और उसके काव्यात्मक संकेत दार्शनिक हैं, जिनमें रहस्य का भी साधारण आभास है। शैली और भाषा की दृष्टि से भी कवि सफल है। कल्पना खंडों को सुन्दर उपमाओं से उसने अलंकृत किया। प्रसाद की 'प्रलय की छाया' नारी के मानसिक उत्थान-पतन का ही एक दृश्य खंड है। रूप-चित्रण में उन्हें सफलता प्राप्त हुई। साथ ही क्षण-क्षण में परिवर्तित होने वाले मनोभावों का अंकन अत्यन्त सजीव हुआ। मनोविज्ञान का अवलम्ब दोनों कलाकारों ने ग्रहण किया।

वर्ड्सवर्थ, कोलरिज की चिन्तनप्रधान दार्शनिक प्रवृत्तियों का पूर्वाभास विलियम ब्लेक में विद्यमान है। वह रहस्यवाद के निकट था। काव्य को प्रेरणा के रूप में स्वीकार करने वाला ब्लेक प्राचीन कवियों की रचनाओं को भी अपने दृष्टिकोण से देखता था। 'द मैड सांग' आदि आरम्भिक कविताओं में ही रहस्यवादी भावनाएँ मिलती हैं और क्रमशः इन प्रवृत्तियों में विकास होता गया। उनकी व्यक्तिगत आन्तरिक अनुभूतियाँ परोक्ष सत्ता से मिलकर आने लगीं। वर्ड्सवर्थ प्रकृति के द्वारा रहस्यवादी भावना का प्रतिपादन करता है। धर्म से प्रेरणा ग्रहण करने वाले कवि अध्यात्म की ओर भी प्रवृत्त होते हैं। सौन्दर्यवादियों की सौन्दर्यभावना संकेतात्मक बनकर रहस्य का आभास देती है। रहस्यवाद की अभिव्यंजना में धर्म का भी साधारण योग दिखाई देता है, किन्तु वह मिल्टन आदि की भाँति प्रत्यक्ष न होकर परोक्ष है। ब्लेक का विचार है : "एक बालुका कण में ही संसार देखना और वन-फूलों में स्वर्ग खोजना; अनन्त को करतल में बन्दी करना तथा अनादि को एक क्षण में पा जाना है।"

प्रसाद की आध्यात्मिक प्रवृत्तियों का विकास स्वतन्त्र रीति से हुआ। क्रमशः प्रेम, सौन्दर्य, श्रृंगार से होता हुआ कवि उच्च भावभूमि पर पहुँचता है। कई स्थलों पर वे दार्शनिक प्रतिपादन करते हैं और कहीं-कहीं रहस्य का आभास

मात्र मिलकर रह जाता है। 'कामायनी' के अन्त की भावनाएँ दर्शन से अधिक अनुप्राणित हैं। धर्म, प्रकृति, सौन्दर्य की अपेक्षा प्रसाद के अध्यात्म में दर्शन का अधिक योग है। समीक्षकों का विचार है कि शेक्सपियर की भावनाएँ कहीं-कहीं रहस्य का आभास देती हैं, किन्तु वह रहस्यवादी नहीं है।[11] अंग्रेजी के रहस्यवादी कवियों में ब्लेक दर्शन का अवलम्ब लेकर चलता है, किन्तु उसमें धर्म की भी छाया है। इसी कारण उसकी रहस्यवादी प्रवृत्तियाँ अन्तिम समय तक बनी रहीं, जबकि वर्ड्सवर्थ आदि अन्य कवि पूर्ण रहस्यवादी न हो सके।

स्वच्छन्दतावाद

उन्नीसवीं शती के पाश्चात्य काव्य की प्रमुख धारा स्वच्छन्तावाद है। इसका पूर्वाभास वर्ड्सवर्थ, कोलरिज आदि में मिल जाता है, किन्तु पूर्ण विकास बायरन, शैली, कीट्स में हुआ। फ्रांस की राज्य क्रान्ति का प्रभाव यूरोप के नवजागरण पर पड़ रहा था और सर्वत्र एक नयी चेतना उदित हो रही थी। स्वयं इंग्लैंड में ही एक समाजवाद खड़ा हो रहा था, जो आर्थिक राजनीतिक विषमता का विरोधी था। साहित्य के क्षेत्र में उसने फ्रांस की नवीन परम्परामुक्त प्रवृत्तियों को स्वीकार किया। जर्मनी की नवीन चेतना भी अपना प्रभाव डाल रही थी। समीक्षकों का विचार है कि अंग्रेजी स्वच्छन्तावाद ने परम्परा के विरुद्ध एक नया पथ निकाला।[12] वह भावों की सूक्ष्मता, गीतात्मकता तथा प्रेम, सौन्दर्य के प्रति एक नयी दृष्टि लेकर आया। बौद्धिकता का समावेश भी उसमें पर्याप्त मात्रा में था और भावना के द्वारा स्थिति में एक समन्वय किया गया। एक ओर जहाँ उसमें व्यक्तिवाद का आग्रह था, वहीं सौन्दर्य का व्यापक दृष्टिकोण भी था।

हिन्दी छायावाद का जन्म एक नयी चेतना के रूप में हुआ। साहित्य की पुरानी पगडंडी को उसने छोड़ दिया और उसमें आदर्श के साथ यथार्थ का भी आंशिक ग्रहण था। राष्ट्रीय भावना के समावेश ने अतीत के प्रति एक अनुराग उत्पन्न किया। मानवीय भावनाओं को अधिक आदर्श रूप में स्वीकार करने के कारण छायावाद की प्रवृत्तियाँ रहस्यवाद के भी निकट प्रतीत होती हैं। अंग्रेजी साहित्य का रोमांटिक आन्दोलन हिन्दी के छायावाद से किंचित् भिन्न रूप में प्रस्तुत हुआ। वह व्यावसायिक क्रान्ति तथा फ्रांस और जर्मनी की नवीन विचारधाराओं से प्रभावित था। इंग्लैंड के मध्यवर्ग ने उसमें प्रमुख भाग लिया और उसका अधिक स्वागत भी किया। सौन्दर्य के प्रति अनुराग के कारण स्वच्छन्दतावाद ने नारी, प्रेम, यौवन को अपने काव्य का विषय बनाया। माध्यम के लिए, अभिव्यक्ति के साधन रूप में उन्होंने गीत को स्वीकार किया। व्यक्तिगत अनुभूतियों को लेकर

कल्पना के सहारे काव्य-निर्माण छोटे-छोटे गीतों में होने लगा, जिनमें किसी एक भावना की अभिव्यंजना होती थी। छायावाद की प्रवृत्तियाँ राष्ट्रीयता के अधिक समीप होने के कारण अतीत की सांस्कृतिक ऐतिहासिक परम्परा से भी प्रभावित थी। राष्ट्रीय चेतना के साथ दार्शनीकरण भी छायावाद की विशेषता है। उसने भाव, भाषा, शैली के क्षेत्र में सूक्ष्म वस्तुओं को लेकर कार्य किया। गीतात्मक शैली की प्रमुखता तथा सौन्दर्यवादी दृष्टिकोण होते हुए भी छायावाद का सांस्कृतिक पक्ष प्रबल है। स्वच्छन्दतावाद ने रचना के विभिन्न क्षेत्रों में कार्य किया। काव्य में बायरन, शैली, कीट्स प्रमुख हैं।

बायरन

बायरन ने अपने जीवन काल में ही पर्याप्त ख्याति प्राप्त की। उसके काव्य में कल्पना शक्तिशालिनी होकर आती है। भावों की तीव्रता का पूर्ण आवेग उसमें देखने को मिलता है। विद्रोह की दृष्टि से बायरन का स्थान रूमानी कवियों में प्रमुख है। अपने व्यक्तित्व और कृतित्व दोनों में वह एक विद्रोही कलाकार है। पूर्ववर्ती कवियों की भाँति वह आध्यात्मिकता अथवा नैतिकता को आरोपित नहीं करता। भावना के क्षण और सौन्दर्य उसके काव्य में सशक्त होकर आते हैं। इटली प्रवास में उसने सुन्दर गीतों की रचना की, जिसमें उसके हृदय का आन्तरिक झंझावात स्पष्ट है। बायरन को अपने भाव-प्रकाशन के लिए अधिक अलंकरण की आवश्यकता नहीं। 'ऑल फ़ार लव' गीत में वह कहता है : ''किसी महान कथा की बात मुझसे मत करो। हमारे यौवन की घड़ियाँ ही उत्कर्ष की हैं। बाईस वर्ष की हरीतिमा और मधुरता सम्पूर्ण सम्मान से भी मूल्यवान है।''

प्रेरणा के लिए बायरन के मुख्य विषय अतीत, यौवन और प्रेम हैं। 'डॉन जुआन' आदि रचनओं में इटली के कलाकारों की छाया स्पष्ट है। अतीत उसे प्रभावित करता प्रतीत होता है। यौवन की उद्दामता और उसका आवेग धीरे-धीरे कुछ कम हो जाते हैं। स्वयं महाकवि गेटे बायरन के व्यक्तित्व और काव्य से प्रभावित हैं। भावों का स्वच्छन्द प्रवाह और स्वाभाविक अभिव्यक्ति के कारण बायरन को अधिक लोकप्रियता प्राप्त हुई। आजीवन वह विद्रोही रहा और अन्त में उसे देश का भी परित्याग करना पड़ा। काव्य के प्रतिबिम्बित उसका व्यक्तित्व इतना शक्तिशाली है कि समस्त रूमानी काव्यधारा में वह स्वतन्त्र स्थान रखता है। उसके काव्य पर उसके विद्रोही व्यक्तित्व की छाया है। सौन्दर्यवादी के उन्मुक्त रूप में उसने लिखा : ''वह अपने सौन्दर्य में चलती है, मानो निरभ्र वातावरण तथा नक्षत्र मंडित आकाश से भरी रजनी।''

बायरन की उपमाएँ और प्रतीक भावों की भाँति एक उन्मुक्तता से भरे हुए हैं, जिनमें कवि का बन्धनविहीन स्वरूप स्पष्ट है। आभिजात्य संस्कारों ने उसके काव्य में एक वेग, प्रखरता, स्वच्छन्दता ला दी, जिन्हें उसके विद्रोह ने और भी बल दिया। प्रसाद की भावनाओं पर भाषा-शैली का सुन्दर आवरण रहता है, जो आवेश को किंचित् प्रतिबन्धित करता है। सौन्दर्य, प्रेम और शृंगार की भावनाएँ छाया की भाँति आगे बढ़ती हैं। जहाँ कहीं प्रसाद की भावना, कल्पना बन्धनहीन और स्वच्छन्द हो गयी है, बायरन के काव्य का उन्मुक्त प्रवाह देखा जा सकता है। प्रसाद ने भाषा के द्वारा भावों का अधिक-से-अधिक परिष्कार किया। बायरन की भाँति उनकी काव्यधारा अनियंत्रित गति से नहीं दौड़ती। अपने युग और काल के अनुरूप उसकी दिशा है। प्रसाद बायरन की भाँति एक विद्रोही कलाकार नहीं हैं, यद्यपि उन्होंने नवीन पथ का निर्माण किया। सौन्दर्य के स्वच्छन्द गीतों में बायरन का-सा आवेग मिल जाता है। सुवासिनी का गीत है :

हे लाज भरे सौन्दर्य बता दो
मौन बने रहते हो क्यों?

'कामायनी' में मनु अपने आवेश में बन्धनविहीन होने की कामना करती है; किसी प्रकार का नियंत्रण उन्हें स्वीकार नहीं। श्रद्धा के स्नेहपाश उन्हें बाँधने में असमर्थ होते हैं। उनका मन विद्रोह कर उठता है। मनु का विद्रोही रूप बायरन की स्वच्छन्दता के अधिक समीप है। इस अवसर पर 'कामायनी' की अभिव्यक्ति भी स्वच्छन्द है। इड़ा के साथ भी मनु का स्वरूप अधिक उन्मुक्त हो उठता है। बायरन की-सी स्वच्छन्दता इस अवसर पर आभासित होती है और दोनों कवि एक-दूसरे के निकट आते हैं। प्रसाद भावपूर्ण चिन्तन को प्रमुखता देते हैं, किन्तु बायरन आवेग और विद्रोह को। प्रसाद आदर्शवादी हैं, किन्तु बायरन नहीं।

शैली

बायरन की भाँति शैली में भी विद्रोही प्रवृत्तियाँ हैं। विश्वविद्यालय-जीवन में ही उसने 'नास्तिकता की आवश्यकता' पर निबन्ध लिखा। स्वयं कवि की परिभाषा करते हुए उसने कहा, "कवि का कर्तव्य देवदूत का-सा होता है। वह केवल वर्तमान ही को नहीं ग्रहण करता और न केवल उन्हीं नियमों को खोजता है, जिनके अनुसार आधुनिक समस्याएँ सुलझायी जाएँ, किन्तु वह भविष्य को वर्तमान में ही ले आता है। उसके विचारों में नवीनतम पुष्प और फल के बीज निहित रहते हैं (द पॉयट्स डिफेन्स)।" शैली के काव्य में सुकुमार भावना, कोमल कल्पना को स्थान मिला। समस्त दयनीयता, विडम्बना के प्रति उसकी बौद्धिक सहानुभूति थी और उसका

काव्य इससे अनुप्राणित है। प्रेम और सहानुभूति की भावना उसके गीतों का प्रमुख गुण है। करुणा की एक छाया इसी के साथ घूमती दिखाई देती है। शैली की निराशा का उदात्तीकरण उसे एक अधिक व्यापक क्षेत्र तक ले गया। अपनी व्यक्तिगत करुणा-निराशा और प्रपीड़न से उसने विश्व की वेदना को देखा और द्रवित हो उठा। एक ओर यदि प्रणय के गीत हैं तो साथ ही विश्व के प्रति भी उसकी सहानुभूति है। अपने प्रसिद्ध प्रगीत 'स्काईलार्क' में वह पंछी से आत्मीयता स्थापित करता है और उससे प्रसन्नता, आनन्द की याचना करता है ताकि सम्पूर्ण संसार को अपने मधुर संगीत से परिप्लावित कर दे। पंछी के मानवीकरण द्वारा कवि ने भावों को सुकुमारता से भर दिया। इसी प्रकार भागते हुए समय पर उसे दुख होता है कि यह स्वर्णिम पल अब कभी लौटकर न आयेंगे (ए लैमेन्ट) : "दिन और रात का उल्लास न जाने कहाँ चला गया। नवल मधुमास, ग्रीष्म और शिशिर वृद्ध होकर मेरे छोटे-से मन को शोक और पीड़ा से भर देते हैं, किन्तु उल्लास कभी नहीं आता; ओह, अब कभी नहीं आता।"

छोटे-छोटे गीतों में एकान्तप्रियता, निराशा की जिस भावना का संकेत है उसमें करुणा की प्रधानता है। संसार के उत्थान-पतन और क्षण-क्षण में परिवर्तित रूप पर कवि द्रवित हो उठते हैं। अतीत की स्मृतियाँ प्रसाद को प्रिय रही हैं :

वे कुछ दिन कितने सुन्दर थे
जब सावन-घन सघन बरसते
इन आँखों की छाया भर थे। (लहर, पृ. 27)

विश्व के प्रति सहानुभूति की प्रबल भावना से शैली ने जड़ता में चेतनता का आरोप किया। वह सभी का सहयोग प्राप्त करना चाहता है। काव्य के द्वारा शैली ने मानवता को सुन्दर भावनाओं से भरने का प्रयास किया। उसका ध्यान आन्तरिक तृप्ति की ओर था। 'रिवॉल्ट ऑफ इस्लाम' तथा 'प्रोमेथियस अनबाउन्ड' जैसी लम्बी रचनाओं में कवि का मानवीय दृष्टिकोण अधिक स्पष्ट है। चन्द्रमा, अप्सरा, पृथ्वी आदि प्रतीकों के प्रयोग से उसने 'प्रोमेथिया अनबाउन्ड' के सुन्दर रूपक का निर्माण किया। प्रोमेथियस मानवता के कल्याण का उद्देश्य रखता है। जब अप्सराएँ उसे छोड़कर चल जाती हैं तब प्रकृति की सुषमा ही उसका साथ देती है। समस्त काव्य की ध्वनि ही प्रेम का व्यापक प्रतिपादन है : "एक साथ अनेक ध्वनियाँ प्रतिध्वनित हुईं; स्वतन्त्रता, आशा, मृत्यु और विजय। अनायास ही वे शून्य आकाश में विलीन हो गयीं। सर्वत्र एक ही ध्वनि थी; वह प्रेम की आत्मा थी।"

शैली की भावनाएँ कोमल और सरस हैं। प्रसाद भी मानवीय करुणा का प्रतिपादन करते हैं, किन्तु उनमें श्रद्धा विश्वास का आग्रह है। 'अशोक की चिन्ता'

आदि कविताओं में आने वाली बौद्धदर्शन की करुणा अन्त में जीवन-दर्शन की नियोजना में सफल होती है। अंकन की सूक्ष्मता में प्रसाद, शैली की शैलियाँ किंचित् पृथक् हैं, किन्तु दोनों कवि मानव-जीवन में करुणा, प्रेम के समावेश सुख-शान्ति की कामना करते हैं। 'प्रोमेथियस अनबाउन्ड' का नाट्य रूपक 'कामायनी' के समीप प्रस्तुत किया जा सकता है। भावना-विचार में समन्वय की दृष्टि से भी उनमें पर्याप्त साम्य है। अपने विचारों का प्रतिपादन वे स्वाभाविक रीति से करते हैं, काव्य में अधिक बाधा नहीं पड़ती। काव्य का दर्शन और सत्य भावनाओं के साथ एकाकार होता है और कवि अपने सन्देश, संकेत में सफल करते हैं। केवल उत्तेजना के आधार पर काव्य निर्माण करनेवाले कवियों में उनकी गणना नहीं हो सकती; वे विचारक स्वप्नदृष्टा कवि दोनों हैं।

कीट्स

कीट्स के रूप में स्वच्छन्दतावाद को सौन्दर्य का अन्यतम उपासक मिला। वह सौन्दर्य और मादकता का गायक है। यौवन के प्रथम प्रहर में ही फेनी ब्राउन से प्राप्त होनेवाली निराशा ने उसे प्रेम की पीड़ा का बोध कराया। प्रेयसी को लिखे गये पत्रों में उसने अन्तरतम को प्रकाशित किया। अपनी समस्त मादकता उसने गीतों में भर दी। उसके अनुसार "सौन्दर्य की वस्तु चिरन्तन आनन्द देती है।" कीट्स ने काव्य को सुख की वस्तु माना है। उसके लिए वह एक कला है, जिस पर सतत प्रयास के द्वारा ही अधिकार प्राप्त किया जा सकता है। गीतकार रूप में कीट्स ने प्रांजल शब्दों का व्यवहार किया और इसके द्वारा सुन्दर-से-सुन्दर चित्र बनाने में सफल हुआ। शब्द-शिल्प में, सौन्दर्यांकन में कीट्स निस्सन्देह अद्वितीय है। प्रसाद और कीट्स की लेखनी तूलिका की भाँति चलती है। वे दृश्य सम्मुख प्रस्तुत कर देते हैं और उनकी अभिजात भाषा इसमें सहयोग करती है। कभी-कभी कीट्स को सौन्दर्य एक इन्द्रजाल, स्वप्न की भाँति प्रतीत होता है। वह सौन्दर्य में विभोर और स्तम्भित हो उठता है। सौन्दर्य स्वयं साकार हो जाता है। अपने प्रसिद्ध ओड 'नाइटिन्गेल' में वह कहता है : "जहाँ सौन्दर्य अपने ज्योतित नेत्र रखने में असमर्थ है अथवा नवीन प्रेम उन पर कल के लिए तड़प उठता है।"

गीतों के अतिरिक्त लम्बी रचनाओं में उसने प्राचीन काव्य से प्रेरणा ग्रहण की। एन्डीमियन, लेमिया, दि ईव आव सेन्ट ऐग्नीज आदि में प्राचीन प्रभाव स्पष्ट है। कीट्स का सौन्दर्यवाद उसके काव्य का प्राण है। प्रसाद की सौन्दर्य-भावना दर्शन समन्वित होने के कारण ऐन्द्रियता से किंचित् बच जाती है। दोनों कवियों की सौन्दर्य दृष्टि विचारणीय है।

नया युग

रूमानी कवियों के पश्चात् विक्टोरिया युग में टेनिसन, रॉबर्ट ब्राउनिंग स्विनबर्न, राजेटी, मैथ्यू आर्नल्ड आदि के नाम विशेष उल्लेखनीय हैं। इनके साथ काव्य में यथार्थवादी प्रवृत्तियों का प्रवेश आरम्भ हो गया। समाज की बदलती हुई परिस्थितियों ने भौतिक समस्याओं का समावेश कराया। जीवन के सर्वांगीण निरूपण का अधिकाधिक आग्रह होने लगा। टेनिसन की रचनाओं में वर्णनात्मकता का आभास मिलता है। रॉबर्ट ब्राउनिंग की रचनाएँ अपेक्षाकृत भावना का अधिक आश्रय लेती हैं। 'रात्रि में मिलन और प्रातः का वियोग' आदि रचनाओं में भावुकता स्पष्ट है। उसमें पौरुष का आग्रह भी है, जो सर्वत्र आशा देखता है। स्विनबर्न में भी वही जागृत आशावाद दिखाई देता है। 'मार्चिंग सांग' में वह कहता है : "उठो, क्योंकि भोर जग गया है। सभी आत्माएँ तृप्त हो जाएँ। खेत, डगर और बन्दीगृह से भी आ जाओ, क्योंकि प्रतिभोज-सा फैला है। जियो, क्योंकि सत्य जी रहा है। उठो, क्योंकि रात्रि मर चुकी है।"

रोजेटी में निराशावाद अधिक है और वह रहस्योन्मुख भी होने लगती है। मैथ्यू आर्नल्ड में कवि-आलोचक का सम्मिलित व्यक्तित्व है। फ्रांस में विक्टर ह्यू गो, वाल्टायर आदि कलाकारों ने काव्य के क्षेत्र में महत्त्वपूर्ण कार्य किया। रॉबर्ट ब्रिजेज़ ने 'टेस्टामेंट ऑफ ब्यूटी' में अनेक दार्शनिक तथ्यों का समावेश किया और उसका चिन्तन पक्ष प्रौढ़ है। सौन्दर्य के प्रतिपादन में धार्मिक अवलम्ब भी ग्रहण किया गया। कविता विश्वास और आस्था पर अधिक ज़ोर देती है। कवि इसके लिए अपने दार्शनिक तर्क प्रस्तुत करता है और कहीं-कहीं कवि की अपेक्षा दार्शनिक अधिक हो जाता है। इसी कारण उसमें बौद्धिकता का समावेश है। आरम्भ में ही कवि सौन्दर्य की व्याख्या करता है : "सौन्दर्य विधाता की सर्वोत्कृष्टता का मौलिक उद्देश्य, लक्ष्य तथा शान्तिपूर्ण आदर्श है।" 'टेस्टामेंट ऑफ ब्यूटी' तर्क की अपेक्षा श्रद्धा को अधिक महत्त्व देती है। तर्क केवल समस्याओं की वृद्धि करता है। कवि का कथन है: "प्रायः हम सौन्दर्य से ज्ञान प्राप्त करते हैं, किन्तु तर्क से कभी सौन्दर्य नहीं पाते।" 'आध्यात्मिक प्रेम' और 'नैसर्गिक सौन्दर्य' की भावना का प्रतिपादन सर्वत्र हुआ है। 'कामायनी' श्रद्धा में ही प्रेम, सौन्दर्य, विश्वास के उदात्त रूप को समन्वित कर देती है। तीनों कवि तर्क को प्रश्रय न देकर श्रद्धा को महत्त्व देते हैं।

औद्योगिक सभ्यता के विकास के साथ पश्चिम में गद्य का अधिक निर्माण होने लगा। बीसवीं शताब्दी के अंग्रेजी कवियों में यीट्स, टी.एस. इलियट का नाम प्रमुख है। अपनी जन्मभूमि आयरलैंड की प्रकृति से प्रेरणा लेकर यीट्स

ने आरम्भिक रचनाएँ प्रस्तुत कीं, जिनमें रहस्यवादी प्रवृत्तियाँ दिखाई देती हैं। काव्य में प्रतीक-विधान के द्वारा यीट्स ने ऐन्द्रियता की भावना को समन्वित करने का प्रयत्न किया, किन्तु कहीं-कहीं वह स्पष्ट हो उठीं। वह क्रमशः आदर्श से यथार्थ की ओर बढ़ता दिखाई देता है और इसी कारण उसमें रहस्यवाद का पूर्ण विकास न हो सका। गीति-नाट्यों में प्रेम और नारी की भावनाएँ प्रबल हैं, जिनमें उसकी बौद्धिकता भी आ गयी है। बीसवीं शताब्दी में भी अपनी प्राचीन काव्य-परम्परा और राष्ट्रीय संस्कृति से ही वह अधिक प्रभावित रहा। टी.एस. इलियट मैथ्यू ऑर्नल्ड की भाँति कवि-आलोचक है तथा नये प्रतीकों का निर्माता है। 'वेस्टलैंड' के गीतों में 'ईश्वर विहीन संसार' के प्रति क्रन्दन की भावनाएँ हैं। अपनी विचारधारा को वह नाटकों में अधिक स्पष्ट कर सका। वह स्वच्छन्दतावाद के विरोध में जाता हुआ लेखक है। इस प्रकार आधुनिक युग के काव्य में नये प्रयोग चलते दिखाई देते हैं।

गेटे

अन्य देशों में भी काव्य-निर्माण एक उच्च स्तर पर हुआ। स्वयं अंग्रेजी रूमानी आन्दोलन पर फ्रांस का प्रभाव है। फ्रांस में विक्टर ह्यू गो, वाल्टायर आदि कलाकरों ने काव्य के क्षेत्र में महत्त्वपूर्ण कार्य किया। अठारहवीं शताब्दी में जर्मनी कवि गेटे ने यूरोपीय साहित्य पर अपने महान व्यक्तित्व का गहरा प्रभाव डाला। उसकी बहुमुखी प्रतिभा का निर्माण क्रान्तिकारी विचारधारा, राष्ट्रीय भावना तथा मानवतावाद के समन्वय से हुआ। उसका साहित्य जीवन के अनुभव पर आधारित है, जिसे वह सदा व्यापकता की ओर ले जाता रहा। उसने व्यक्तिगत अनुभवों का उदात्तीकरण कर उन्हें अधिक विस्तृत भावभूमि पर प्रस्तुत किया। अठारहवीं शताब्दी के मध्य में जर्मनी की बौद्धिक क्रान्ति का नेतृत्व स्वयं गेटे कर रहा था। अपने विचारों से वह युगान्तरकारी परिवर्तन चाहता था। उसके लिए मानव सबसे महान वस्तु है और उसका समस्त साहित्य मानवता के विभिन्न रूपों का प्रतिपादन करता है। एंगिल्स ने मार्क्स को इस विषय में लिखा था, "गेटे ईश्वर की चर्चा नहीं करना चाहता। यह शब्द ही उसे सुख नहीं देता। वह केवल मानवता में प्रसन्न रहता है। उसने मानवता को धर्म बन्धन से मुक्त किया और यही उसकी महानता है। इस दृष्टि से प्राचीन श्रेष्ठ लेखक अथवा शेक्सपियर भी उसकी समकक्षता में नहीं आते।"[13]

गेटे का काव्य एक प्रकार से जीवन का अध्ययन है। व्यक्तिगत आन्तरिक अनुभूति से लेकर समग्र विश्व तक उसके चिन्तन में दिखाई देते हैं। भावों के

प्रकाशन के लिए उसके पास अनेक माध्यम हैं: कविता, नाटक, कहानी, उपन्यास, लेख, पत्र आदि। इसके अतिरिक्त वह एक चित्रकार और मूर्तिकार भी है। विज्ञान के क्षेत्र में उसने रंगों पर कार्य किया और वह जीवविज्ञान तथा वनस्पतिशास्त्र का भी विद्वान था। गेटे जर्मन साहित्य का वास्तविक प्रणेता है, जिसने देश को एक राष्ट्रीय परम्परा दी। आरम्भिक रचनाओं में व्यक्तिगत प्रेम और सामाजिक विद्रोह की भावना अधिक प्रबल है। 'सारोज ऑफ़ वर्थर' में उनके मित्र जेससलेम की आत्महत्या तथा स्वयं उसकी निराशा की प्रेरणा है। इस लघु उपन्यास में अनुभूति की सच्चाई, भावों की तीव्रता, प्रेम की पीड़ा, निराशा मर्म को स्पर्श करती है। लेखक कहता है, "मनुष्य की शक्ति सीमित है, वह केवल एक सीमा तक ही आनन्द अथवा कष्ट भोग सकता है; उसके आगे बढ़कर वह समाप्त हो जाते हैं। यह नैतिक शक्ति अथवा दुर्बलता का प्रश्न नहीं, किन्तु देखना यह है कि हम कितना मानसिक अथवा शारीरिक कष्ट सहन कर सकते हैं। केवल अपने जीवन का अन्त कर लेने के कारण किसी को कायर कहना मैं व्यर्थ समझता हूँ, क्योंकि वह रोग से भी मर सकता है।" धीरे-धीरे गेटे की भावना और विचारधारा में विकास हुआ। प्रेम, निराशा और विद्रोह की प्रवृत्तियाँ नये जीवन-दर्शन की ओर बढ़ती हैं। कवि मानव-जीवन को दृढ़ता से पकड़ता है और एक दार्शनिक की भाँति समस्याओं का समाधान चाहता है। अपने उपन्यास 'विलहेम मीस्टर' की रचना में उसने लगभग बावन वर्ष लगाये। इस वृहत् ग्रन्थ में उसने देश और युग की अनेक समस्याओं को लिया।

गेटे ने अपने जीवन की समस्त साधना 'फाउस्ट' महानाटक में निहित कर दी। लगभग अट्ठावन वर्षों में इस कृति को कवि ने दो भागों में सम्पन्न किया। उसके व्यक्तित्व का विकास इसमें दिखाई देता है। उसकी सम्पूर्ण प्रतिभा, कला और विचारधारा का समावेश 'फाउस्ट' में हुआ। नायक फाउस्ट मानव-जीवन की यथार्थ परिस्थितियों से निर्मित है। जीवन की आन्तरिक अभिलाषाओं के होते हुये भी वह सदा मानवता के साथ चलना चाहता है। मारग्रेट से उसका प्रेम यदि एक व्यक्तिगत भावना है तो वह जीवन की व्यापकता को भी नहीं छोड़ता। उसका व्यक्तित्व आधुनिक युग के संघर्षशील व्यक्ति का है, जो जीवन के उत्थान-पतन से निर्मित होता है। अनुवादक अलबर्ट जी. लैथम ने भूमिका में कहा है: "'फाउस्ट' एक आकांक्षामयी आत्मा है, जो समस्त ज्ञान, सम्पूर्ण शक्ति की, बिना परिणाम की चिन्ता किये हुये, कामना करती है। उसने स्वयं को समस्त नैतिक और धार्मिक नियमों के बन्धन से मुक्त कर लिया और अपने युग की चेतना का प्रतीक है।[14] आरम्भ में ही फाउस्ट का मानसिक द्वन्द्व दिखाई देता

है। दर्शन, नीतिशास्त्र, रोग-निदान आदि का अध्ययन कर भी वह मूर्ख ही बना रहा, वास्तविक सुख-शान्ति न मिल सकी। वह नरक और दानव की चिन्ता नहीं करता। जीवन को प्रत्येक दिशा से देख लेने के लिए वह सदा व्याकुल रहता है। सुख और शान्ति की खोज में पृथ्वी का कण-कण छान डालता है। उसके मन में प्रश्न उठता है, 'क्या मैं स्वयं ईश्वर हूँ? और इसके साथ उसकी जिज्ञासाओं में वृद्धि होती है। आरम्भ का लम्बा कथन उसकी मानसिक स्थिति को स्पष्ट करता है। प्रेतात्मा से वह कहता है; 'मेरे अन्तरतम में भावनाओं का ज्वार-सा बढ़ता चला आ रहा है। सागर के तूफान की भाँति मेरी चेतना स्तब्ध हो गयी है। मुझे अनुभव हो रहा है कि मेरा हृदय अपरिमेय शक्ति से खिंचा चला जा रहा है। समग्र जीवन केवल परिस्थिति पर निर्भर है, किन्तु मुझे चलना है, आगे बढ़ना है।'' फाउस्ट स्वयं को ईश्वर का ही प्रतिबिम्ब मानकर चलता है।

फाउस्ट का व्यक्तित्व यथार्थ मानव का है, जो अपने सम्पूर्ण पौरुष के साथ जीवन से संघर्ष करता है। उसकी प्रत्येक पंक्ति से उसका व्यक्तित्व आभासित होता है तथा वह अपना स्वतन्त्र अस्तित्व लेकर आगे बढ़ता है। धर्म, नीति की सीमाएँ उसे नहीं बाँध सकतीं, फिर भी वह पूर्ण मानवीय है, पृथ्वी का पुत्र है। चारों ओर की विषमताओं में भी वह सचेत रहता है। मारग्रेट से उसका प्रेम हृदय के पवित्र व्यापार के रूप में है। वह अनायास उस युवती पर आकृष्ट हो जाता है। फाउस्ट अपने प्राणों का समस्त ताप लेकर उस नारी से प्रेम करता है। नारी-पुरुष सम्बन्धों की व्याख्या गेटे ने अपनी आन्तरिक अनुभूति के सत्य से प्रस्तुत की। फाउस्ट प्रेम-विभोर होकर मारग्रेट से 'माँ का दुलार' माँगता है। अपने महान नाटक में कवि ने जीवन के आदि अन्त को निहित कर दिया। अनुभूति का सत्य और भावों की तीव्रता को व्यापक भावभूमि पर प्रस्तुत किया गया है। अन्त में वह मानव और पृथ्वी को ही सत्य रूप में स्वीकार करता है और कहता है : 'यहाँ पृथ्वी का समस्त अभाव पूर्णता प्राप्त करता है।'' फाउस्ट का अन्त उसका पराभव अथवा पतन नहीं है। अन्तिम समय में भी वह प्रत्येक दिवस से सफलता की कामना करता है। उसका चिर-सहचर मेफ़िस्टाफ़िल्स उसके पौरुष और त्याग की सराहना करता है।

गेटे और प्रसाद

'कामायनी' के मनु का व्यक्तित्व संघर्षशील फाउस्ट के पर्याप्त निकट है। गेटे और प्रसाद का आरम्भिक चरण व्यक्तिगत जीवनानुभूति से अनुप्राणित है। प्रसाद की आन्तरिक वेदना 'आँसू' में 'सारेज आव वर्थर' की भाँति प्रस्फुटित

हुई। जीवन की वेदना, निराशा और पीड़ा को दोनों मनीषी एक जीवन-दर्शन के रूप में चित्रित करते हैं। निराशा का व्यापक प्रसार उसकी सफलता है। दोनों महाकवियों ने अपनी अनुभूतियों का अधिक-से-अधिक उदात्तीकरण किया और अपने व्यक्तित्व को जीवन की सम्पूर्णता के निकट ले जाने का प्रयत्न किये। 'आँसू' का कवि "कामायनी" तक और "वर्थर" का लेखक "फाउस्ट" तक जाता है। मानवता के समर्थक इन रचनाकारों ने परम्परा से पृथक् एक नवीन जीवन-दर्शन की नियोजना की, जिसमें युग की परिस्थितियाँ दिखाई देती हैं। वर्थर के नवीन संस्करण में निराशा एक सार्वभौमिकता धरातल पर आयी है। लेखक अपनी आन्तरिक पीड़ा को सर्वत्र देखता है। "आँसू" अपने वर्तमान रूप में विश्व की करुणा को अपना लेता है। दोनों महाकवियों की करुणा निरन्तर विकसित और गतिशील होती है। गेटे के महान उपन्यास 'विलहेम मीस्टर" में जीवन की अनेक समस्याओं का प्रतिपादन हुआ। प्रसाद की कहानियाँ, उपन्यास, नाटक भी जीवन के विभिन्न पक्षों को छूते हैं। अन्त में अपनी सम्पूर्ण साधना की अभिव्यक्ति उन्होंने अन्तिम कृतियों में कर दी। मनु के मानसिक झंझावात और फाउस्ट के अन्तर्द्वन्द्व में पर्याप्त साम्य है। चारों ओर बिखरी हुई प्रकृति राशि को देखकर फाउस्ट का कुतूहल जाग जाता है। वह कहता है: ""सिर पर घनराशि उमड़ती आ रही है, चन्द्रमा अपनी आभा छिपाए लिए जाता है, दीपक का भी अन्त हो रहा है।" मनु भी प्रलय के भीषण दृश्य से उद्विग्न हो उठते हैं। निस्सन्देह फाउस्ट का चरित्र अधिक विद्रोही है। वह स्वयं ईश्वर है, समग्र मानवता ही उसके लिए ईश्वर है। प्रसाद की मानवीयता विद्रोहिणी नहीं है; वे ईश्वर की सत्ता स्वीकार करते हैं। स्वयं मनु "विराट" का संकेत करता है। गेटे ने श्रद्धा को महत्त्व देते हुए कहा, ""वह प्रसन्न है जिसका हृदय पवित्र, सुन्दर विश्वास से सम्पन्न है।" फाउस्ट और मारग्रेट के प्रेम में उतना ही ताप है, जितना मनु-श्रद्धा के स्नेह में।

मानव को सर्वोपरि मानकर चलनेवाले दोनों कवि नारी को एक महान स्थान देते हैं। फाउस्ट का अन्त "नारी के चिरन्तन प्रेम" से होता है और 'कामायनी' भी श्रद्धाजन्य आनन्दवाद का प्रतिपादन करती है। नाटक के दुखान्त रूप के कारण जीवन के संघर्षों से जूझते हुए नायक फाउस्ट का अन्त हो जाता है। 'कामायनी' शैवागम के आनन्दवाद का निरूपण करती हुई मिलन-भूमि पर जाती है। गेटे का दृष्टिकोण यथार्थवादी अधिक है, किन्तु प्रसाद में आदर्श के प्रति एक सहज मोह दिखाई देता है। भावना के व्यापक प्रसार में प्रसाद का व्यक्तित्व गेटे की अपेक्षा कम विस्तृत है, किन्तु उसमें कलात्मक सौष्ठव का पूर्ण प्रयास है। गेटे में जर्मनी की परम्परा, संस्कृति का आग्रह अधिक है। प्रसाद भारतीय

होते हुए भी जीवन के सूक्ष्म तन्तुओं को ग्रहण करते हैं और अपने विश्लेषण में आगे जाते हैं। स्वाभाविक शैली लेकर चलने वाले इन दोनों कलाकारों ने अपने युग की चेतना को पहचाना और साहित्य में उसकी मार्मिक अभिव्यक्ति की। उनका काव्य जीवन से अनुप्राणित है और उसमें उसका स्वर थिरकता है। गेटे ने अपने दीर्घ जीवन में साहित्य को अनेक अमूल्य निधियों से भर दिया। प्रसाद ने अल्पकाल में ही पर्याप्त साहित्य-सृजन किया, जो उनकी कीर्ति को स्थायी रखने के लिए पर्याप्त है। विश्व-साहित्य में गेटे और प्रसाद के कृतित्व को निकट रखकर देखा जा सकता है।

पुश्किन

रूस के साहित्यिक रंगमंच पर उन्नीसवीं शताब्दी के आरम्भ में पुश्किन का उदय हुआ। वह फ्रांस की आक्रमणकारी नीति और सम्राट जार का समय था। स्वयं पुश्किन और जार के सम्बन्ध बहुत अच्छे न थे और कवि की स्त्री उसकी चिन्ता का कारण बन गयी थी। एक बार किसी समय उसने अपनी पत्नी नेटालिया को लिखा था, "मेरी मित्र, अब समय आ गया, समय आ गया...मेरा शिथिल मन शान्ति माँगता है। दिन जल्दी-जल्दी भाग रहे हैं। जीवन के लघु कणों के साथ एक-एक क्षण घटता जाता है, जबकि हम-तुम निश्चित होकर जीवित रहने का विचार कर रहे हैं और देखते हैं कि सब कुछ धूलि में समाता जा रहा है; हम समाप्त हो रहे हैं।" आरम्भिक रचनाओं में पुश्किन की आकुल मानसिक स्थिति दिखाई देती है।" आन्तरिक अनुभूति को किसी दर्शन अथवा चिन्तन से सज्जित करने का बौद्धिक प्रयास उसमें नहीं मिलता। भावनाओं को सहज भाषा द्वारा प्रस्तुत करके प्रभाव स्थापित करने में पुश्किन को सफलता प्राप्त हुई। बायरन की भाँति उसकी भावनाएँ और अनुभूतियाँ स्वच्छन्द रूप में आती हैं; कवि उन पर किसी अलंकरण अथवा आरोप का प्रयास नहीं करता। गीतों का भावावेश उसे गति प्रदान करता है। उसकी स्वच्छन्दतावादी प्रवृत्तियाँ अधिक प्रतीकों और रूपकों का भी आग्रह नहीं करती। अनुभूति का सत्य, ताप और सहज प्रकाशन गीतों को सजीव कर देता है। 'जागरण रात्रि की कविता' में उसने लिखा है : "निद्रा मुझसे दूर भागती जा रही है, किंचित् भी प्रकाश शेष नहीं रह गया। अन्धकार पृथ्वी को शान्तिपूर्वक समेट रहा है। केवल शिथिल पल ही रजनी के धीमे क्षणों में बोलते हैं।" प्रसाद का 'जीवन निशीथ के अन्धकार' गीत इसके निकट प्रतीत होता है।

पुश्किन गीतों में गेटे की भाँति अपनी आन्तरिक अनुभूतियों का प्रकाशन